少年简读中国史

中国史

秦汉

刘萃峰 ◎ 著

南京大学出版社

目录

引言　　　　　　　　　　　　　　4

【秦】

天下归一统：秦灭六国　　　　　7
千古第一帝：嬴政　　　　　　　13
两封遥远的来信　　　　　　　　19
"王侯将相宁有种乎"：陈胜起义　26
"彼可取而代也"：西楚霸王项羽　32
"大丈夫当如此"：汉高祖刘邦　　41

【西汉】

汉初三杰　　　　　　　　　　　48
女主吕后　　　　　　　　　　　58
汉武大帝　　　　　　　　　　　64
苏武牧羊　　　　　　　　　　　70

张骞通西域	76
二十七天的皇帝：刘贺	81
"史家之绝唱"	87

【东汉】

复兴汉室光武帝	93
东汉政治之外戚当政	99
东汉政治之宦官专权	105
万里长城	113
蔡伦造纸	119
神医华佗	123

秦汉大事年表	128

引 言

众所周知，今天英语里，中国叫 China。其实不仅是英语，在欧洲的很多语言里，"中国"一词的发音都与 China 类似。而这个发音刚好与英文的瓷器一样，所以很多人理所当然地认为，这是因为中国的瓷器太有名了，欧洲人非常喜欢，所以干脆用瓷器来称呼中国的国名。其实，这种观点恰好是倒果为因了。早期中外交流，我们主要输出的是丝绸，而非瓷器。唐宋以后，瓷器才成为我国出口货物的大宗。所以，瓷器是因为 China 而得名，而不是相反。

那中国为何会被叫作 China 呢？答案是秦。

早在秦国还没有平灭六国之时，它就已经是西陲大国。据考古学家研究，当时它的影响已经波及更西的西域乃至中亚、西亚。统一中国之后，它更是成为规模空前的大帝国。"秦"的名称于是远播欧亚大陆的西侧，成为西方人对中国的称呼。

秦朝的强大体现在各个方面。在政治上，它建立起皇帝、三公、九卿制度，用以管理中央朝廷；又将郡县制推行到全国，以管理地方事务。在军事上，它平灭六国后并没有停止战争脚步，在北方把匈奴人赶出了河套地区，并修筑了伟大的万里长城抵御草原民族的攻击;在南方平定了百越,并设置了郡县。在文化上,它统一文字,又焚书坑儒,以法家思想作为统治的工具。在经济上,它统一货币、度量衡,甚至马车行进的轨道。

如果沿着这个思路,占中国人口大多数的民族似乎应该叫"秦族",说的话应该叫"秦语",通行的文字应该叫"秦字",可是事实并非如此,结果我们大家都知道了,是汉族、汉语、汉字,为什么呢?

因为秦朝虽然强大,却非常"短命",统一的秦帝国只存在了十五年,便被汉朝取代。汉朝不但更加强大,而且延续了近四百年时间,完成了很多秦朝未竟的伟业。因此,中国的主体民族就成了汉族,我们说的话就成了汉语,我们使用的文字就成了汉字。

与秦朝的统治者相比,汉朝初期的皇帝则显得过于低调了。第一任皇帝刘邦来自民间,他虽然充满人格魅力,但是没有嬴政的雄才大略,甚至不如老对手项羽豪迈。但是他灭了秦朝,又击败了项羽,成为新帝国的皇帝。经过了长期的休养生息,汉朝的繁荣超过了秦朝,对中外的影响也更为深远,成为中华民族基因中更为强大的存在。

那么,强大的秦帝国为何会骤然崩塌?刘邦是何等人物,为何能灭掉强秦,建立大汉?汉朝又采取了哪些措施,得以延续四百年之久?

带着这些疑问,我们跟随本书一起,走近嬴政、项羽、刘邦、刘彻、刘秀等英雄人物的世界,了解灿烂辉煌的秦汉文明……

天下归一统：秦灭六国

众所周知，秦朝是我国历史上第一个大一统的封建王朝，它是从秦国发展而来的。关于秦国早期的历史，我们这里不多做介绍，不过，从秦国到秦朝的最后也是最关键的一步——秦灭六国，却是讲秦史绕不过的一道关卡。因此，本节将为大家讲述秦灭六国的过程。

战国七雄

我们知道，周朝实行的是分封制，把全国的土地和人口分封给同姓宗亲和异姓功臣，以拱卫周王室的统治。据不完全统计，整个周代分封的诸侯国有将近一千个，而经过了七八百年的兼并战争，到了战国最晚期，只剩下七个实力强大的诸侯国——秦、齐、燕、赵、魏、楚、韩，史称"战国七雄"。

到了这个时候，全国的有识之士都知道，统一的那天就要到来了。著名儒家思想家孟子和梁襄王的对话中，就曾谈到"孰能一之"，意思是谁能统一天下，可见当时的人都认识到，统一是不可逆转的趋势。那么这七雄中，谁有能力完成统一的任务呢？七国之中，齐国最富，楚国最大，秦国最强，因此大家公认它们三个最有可能统一全国。

先说齐国。齐国是西周最早分封的诸侯国之一,它的初代国君是大名鼎鼎的姜子牙,就是在渭水上用直钩钓鱼等周文王上钩的那位老头。周武王灭了殷商,得了天下以后,为了表彰他的伟大功绩,尊称他为姜太公,并把他封在了今天的山东,定国号为齐。

到了后代,齐桓公在贤人管仲的辅佐下,"九合诸侯,一匡天下",成为春秋五霸中的第一位霸主。不仅如此,他还借助齐国临海的有利地理条件,抓海鱼、煮海盐,并把鱼盐卖了换钱,走上了商业富国的道路。

战国时期楚国"王命传"青铜虎节　文物现藏于中国国家博物馆

后来,姜姓齐国被田姓的大臣给取代了,这就是"田氏代齐",国君由此变成了姓田的。不过,国君虽然换了姓,但重商、重文的国策被延续了下来。因此,到了战国中后期,齐国依然是最富有的国家。

打仗需要钱,所以齐国一度非常强大。不过也正是因为它过于强大,遭到其他国家的忌惮。于是大家联合起来把它打了一顿,为首的就是燕国名将乐毅。齐国被攻下了七十多座城池,要不是一位叫田单的大将挺身而出,击败了诸国联军,齐国就要灭亡了。齐国虽然复国,但经此一战,元气大伤,再也无力统一全国了。

再来看楚国。楚国原本是南方的土著,不在周王室分封的诸侯国之列。后来武力和文化齐头并进,楚国靠着这两个武器成为南方一霸,战国初期更是将势力扩张到江淮地区,成为当时疆域最大的国家。不过,楚国疆域虽然辽阔,但当时南方气候湿热,不大适合大规模的人口居住,因此楚国控制的人口并不算多。

战国时期秦国错金杜虎符　文物现藏于陕西历史博物馆

更为关键的是,楚国国内公族势力很大,也就是我们课本上说的"旧贵族残余势力"很雄厚,制约了社会的进步,也使他们很难凝聚起全国的力量。也就是说,楚国内部还没有完全拧成一股绳,更别谈统一全国了。后来,楚国著名国君楚怀王更是被秦国谋士张仪骗到秦国,最终死在了那里。楚国受到秦、齐等国的夹攻,国力大损,这样一来,统一的重任最终就落到了秦国肩上。

秦国的先祖叫非子，原本是给周天子养马的。因为他把马养得白白胖胖的，周孝王很高兴，就分封土地给他作为附庸之国。附庸的级别是很低的，远不如诸侯。不过，凭借自身的努力，秦国国君又被封为西陲大夫。后来秦襄公在东周初年的平王东迁中护送有功，被赐封岐山以西之地，从此得以位列诸侯。

秦穆公时，秦国灭掉关中盆地西端的西戎十几个国家，拓地千里，成为春秋五霸之一。到了秦孝公时期，任用法家学派的商鞅进行变法，秦国的国力随之与日俱增，逐渐成为诸侯国中军事实力最为强大的国家。

秦灭六国

秦国在与东方各诸侯国的战争中，最先遭遇的抵抗来自魏国。魏国在三家分晋时捞到了最好的几块地盘，继承了晋国的实力。初期又任用李悝和吴起变法，取得了很好的效果，一度夺取了秦国黄河以西的不少地盘。不过，他们的变法没有持续下去。魏国地理位置又不好，处在中原地带，在跟齐国的几场大战中吃了大亏，国力于是衰落了下来。此消彼长，秦国不仅夺回了河西地区，还攻破了魏国的旧都安邑（今山西夏县），将势力扩张到了山西腹地。

这个时候，秦国遇上了它的第二个对手——赵国。赵国也是三家分晋的主角之一，它分到的地盘不好，开始时处于劣势。不过，后来赵武灵王胡服骑射，学习匈奴人的骑兵战术，国力有所提升，也出了不少名将，如赵奢、廉颇、李牧等人。战国后期，它是抵抗秦军的主要力量，跟秦国打了好几场大仗，互有胜负。然而公元前260年，在决定国运的长平之战中，赵国中了秦国的反间计，临阵换将，用年轻的赵括换掉了战斗经验丰富的主帅廉颇，结果被以

天下归一统：秦灭六国

白起为帅的秦军击败，赵括战死，四十万赵国降卒被坑杀。赵国从此失去了与秦国抗衡的能力，此后虽然依旧延续了近四十年，甚至还一度取得过一些小的胜利，但终究是苟延残喘而已了。

说到这里，大家可能会产生一个疑问：既然六国都看到了秦国的强大，为什么不联合起来对付它呢？其实，六国的确曾经组成过联军，一起对抗秦国，而且这种联盟还有个专门的称呼，叫"合纵"。前面提到过的楚怀王就曾担任过"纵长"，也就是联军总司令。六国联军还曾一度打到秦国的东门——函谷关（今河南灵宝境内）。只是六国联盟内部充满矛盾，并不能集中力量对付秦国，因此联盟很快瓦解，给了秦国各个击破的机会。

战国时期的六国货币　文物现藏于河南博物院

于是到了战国后期，东方六国就只能以防守为主，无力展开主动进攻了。而秦军则一路向东，不断攻取、蚕食六国的领土。从公元前230年开始，秦王嬴政命令秦军对六国展开全面进攻，拉开了统一战争的序幕。秦军一路高歌猛进，几乎战无不胜。

前230年，秦灭韩。

前228年，秦灭赵。

前225年，秦灭魏。

灭掉魏国之后，秦军趁势南下，进攻楚国。在这里，他们遭遇了最后的抵抗。年轻的秦军统帅李信开始时进兵非常顺利,后来被楚国名将项燕攻击,遭遇惨败。嬴政不得不调老将王翦率六十万大军重新攻楚,最终在前223年攻入楚国后期的都城寿春(今安徽寿县),灭掉楚国。

在灭掉楚国之后,前222年,秦军调转兵锋,向北攻灭了燕国,又消灭了赵国的残余势力代国。

最后,前221年,秦将王贲兵临齐国都城临淄城下,齐王建开城投降。至此,六国全部灭亡,秦国完成了统一大业。

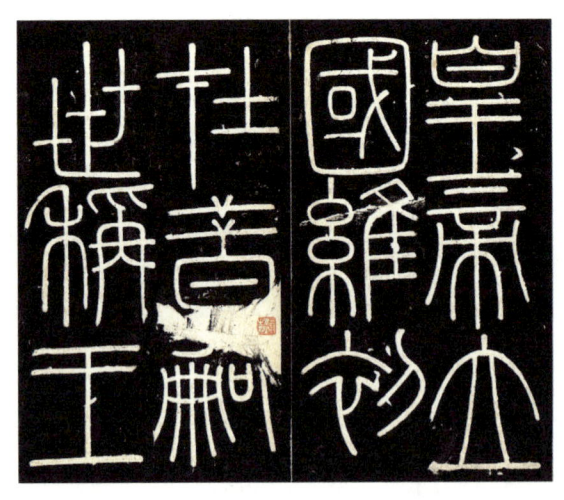

峄山碑拓　秦始皇二十八年(前219)东巡时所刻,歌颂秦始皇统一天下、废分封、立郡县的功绩。本图为明拓宋郑文宝摹刻长安本,郑文宝刻原石现存于西安碑林

回顾秦国的统一进程,最后的全面战争只花了十年时间。而如果从非子建国成为附庸开始,则积蓄了六百年的力量;从秦孝公任用商鞅变法开始,也有一百多年。如果说统一是历史的大势,那么由秦国完成统一,就是秦国君臣数百年来共同努力奋斗的结果。

统一之后,秦始皇嬴政创设了一系列新的制度,中国历史从此进入了新的阶段。

千古第一帝：嬴政

公元前221年，秦灭齐，秦国在秦王嬴政的领导下完成了统一大业。那么，嬴政究竟是何许人也，为什么他能成就如此功业呢？

年少即位

嬴政生于秦昭襄王四十八年（前259）正月，出生地是赵国邯郸。他的父亲是当时的秦国王孙嬴异人（后改名子楚）。嬴异人是安国君之子，母子均不受宠。而当时安国君有子二十多人，于是异人被送往赵国当人质。上一节我们讲过，秦赵两国在战国后期是主要的对手，关系很不好。这种情况下，嬴异人在赵国的处境就可想而知了。他不仅人身安全无法保证，基本生活也十分困难。恰在此时，大商人吕不韦在邯郸做生意，感到"奇货可居"，认为嬴异人是支潜力股，值得投资。于是他一方面照顾嬴异人的生活，另一方面重金联络安国君的宠妃华阳夫人，利用华阳夫人无子的现状，让嬴异人认其为母，改名子楚。

后来，吕不韦将自己的姬妾赵姬献给子楚，生下了嬴政。两年以后，秦军攻打赵国，赵国紧急之下想要杀死子楚，子楚与吕不韦贿赂守城官吏，逃脱出城，顺利回国。

秦昭襄王去世之后，太子安国君即位，是为秦孝文王，华阳夫人被立为王后，子楚则被立为太子。这时，赵国将子楚夫人赵姬与儿子政送回秦国。

安国君即王位仅一年零三天，便突发疾病去世。子楚即位，是为秦庄襄王。庄襄王任命吕不韦为丞相，封为文信侯。庄襄王在位仅三年便病死，十三岁的嬴政被立为秦王。因为年幼，国政由丞相吕不韦把持。八年之后，在秦王政成人即将亲政之际，秦国朝廷内部爆发了激烈的政治斗争。

平定内乱

明代《三才图会》中的秦始皇像

吕不韦把持朝政时，与太后赵姬有私情。随着秦王政日渐长大，吕不韦怕被他发现，于是想到抽身之计。他让自己的门客嫪毐假扮成宦官，献给太后，供其享乐。

嫪毐被封为长信侯。为了长期与太后享乐，他们搬离太后寝宫，住到了雍县（今陕西凤翔）的离宫里，其间太后还生下了两个私生子。虽然生活有滋有味，但嫪毐并没有低调地关门过两个人的小日子，而是非常嚣张，竟然以秦王政的假父(干爹)自居,后来被大臣告发到嬴政那里。嬴政非常生气,有意除掉嫪毐。当时,嫪毐在太后的帮助下,拥有山阳、太原等封地,党羽遍布朝野,并且在雍城附近长年经营,已经建立起庞大的政治势力。

公元前238年,秦王政在雍城蕲年宫举行冠礼。嫪毐趁机发动叛乱,向蕲年宫进攻。秦王政早在宫内布置好三千精兵,等待叛军自投罗网。嫪毐又转攻咸阳宫,再遭失败,一人逃窜,后被捕杀。太后赵姬被嬴政软禁,私生子则被杀死。

这次叛乱牵连甚广,丞相吕不韦也被免职。后来,秦王政在茅焦的劝说下,才将母亲赵姬接回首都咸阳甘泉宫居住。

始皇帝

在平定了内乱,解除了吕不韦的掣肘,真正实现亲政之后,嬴政开始着手全面进攻东方六国。当时,秦国已经吞并了南边的巴、蜀、汉中,占领了楚国原来的都城郢;北面则将陕西北部、山西大部纳入版图;向东攻到了荥阳,灭掉了东西周。如上节所述,从公元前230年起,秦军全面东进,先后灭掉了韩、赵、魏、楚、燕、齐等国,到秦王政二十六年,也就是公元前221年,嬴政终于完成了统一大业。

在立下如此不朽功业之后,嬴政觉得自己的功劳前无古人,一个"王"字已经不能显示自己普天一人的尊贵,下令让群臣商议帝号。群臣商议后提出建议:"古代有天皇,有地皇,有泰皇,其中泰皇最尊贵。因此臣等上尊号,您就叫'泰皇',您说的话叫'制',发出的令叫'诏',自称'朕'。"嬴政同意了其他建议,但仍觉得"泰皇"差点儿意思,于是把"泰"字去掉,从三皇五帝中各取一字,号称"皇帝"。

接着,他认为谥号这个制度,是让儿子议论死去的父亲、臣子

秦始皇陵航拍

议论君主,非常不合理,下令废除谥法,自称始皇帝,后代以数相加,称二世、三世,一直传到万世。

秦灭六国后,版图急剧扩大,面对超出以往的土地和人口,如何进行统治,成为摆在嬴政君臣面前最为重要的问题。丞相王绾提出,新攻下的燕、齐、楚等国离统治中心关中非常遥远,不易管辖,应该把皇帝的儿子、宗族还有功臣们分封到这些偏远地方,让他们镇守边地,以维护国家的稳定。群臣都同意这个建议,唯有廷尉李斯认为,周文王、武王分封的同姓子弟非常多,但传了几代之后,血缘逐渐疏远,像仇人一样互相攻击,周天子也无法禁止。现在天下赖陛下之力得以统一,设置了郡县。王子、功臣,赏他们金银财宝就可以,以防止他们作乱。这才是天下安定的王道,而不该分封诸侯。

秦始皇也认为,好容易才统一了天下,又分封诸侯国,等于是自讨苦吃,埋下祸根,于是否决了王绾提出的分封制,采纳了李斯坚持的郡县制。

在中央官制上，设置了丞相、御史大夫和太尉，作为三公总揽政事。三公之下又设立诸卿，号称九卿，分管具体事务。比如，廷尉掌管刑罚，宗正掌管皇室宗亲等。

为了巩固政权，秦始皇还实行了一系列的政策，主要包括：统一货币和度量衡；统一文字；修筑长城、驰道、直道等工程；将六国贵族迁徙到咸阳附近，以防作乱；同时为了防止平民作乱，收缴天下的兵器，集中到咸阳铸造成铜人。

制定好大政方针之后，秦始皇开始沿着驰道巡游天下。从前219年到前215年，他连续到东方沿海、江淮流域、江南地区以及北方边地巡游，所到之处无不刻石记功颂德。特别是前218年，他巡游到泰山，与鲁地的儒生商议，行封禅之礼，祭祀山川，于是封于泰山，禅于梁父山，刻石颂德。

既已成为历史第一人，嬴政自然想要永久保持自己的地位，享受万民的尊崇，于是长生不老成为他追求的目标。他听信卢生、韩终、徐福等方士的建议，到处求取长生不老之药。但是徐福等人入海寻找仙药，所费时日良久，钱财无数，并没有成果。忧惧之下，他向嬴政进言，说海上有三神山，为大鲨鱼所阻，无法到达。在带人围捕射杀一条大鱼之后，徐福率三千童男童女，坐楼船入海中寻求仙山，最后不知所终，留下了徐福东渡的传说，甚至有人说他们到了日本。

王朝隐患

嬴政的这些政策和行为，遭到了一些儒生的劝谏。博士淳于越建议他仍旧实行分封制，丞相李斯提出反对意见，并建议嬴政烧掉禁书,只留下秦史、法律文书、医书和农书,以吏为师,以法为教。此事之后,仍有儒生、方士议论纷纷,嬴政大怒,下令彻查此案,坑杀数百人。

秦铜权 权身刻有秦王政二十六年和秦二世元年统一度量衡的两个诏文。文物现藏于秦始皇帝陵博物院

嬴政的高压政策引发了六国遗民的不满。有一次巡游到博浪沙时,他遭遇刺杀,全国搜捕十天也没能找到犯人。无论是在首都咸阳的焚书坑儒,还是在地方上遇到的刺杀,都说明秦朝的统治并非坚如磐石、没有反抗势力,王朝强盛的外衣下其实包含着诸多隐患,只要有一个导火索,便会引发大的动荡。

公元前210年,即位三十七年、君临天下十一年的嬴政巡游到沙丘(今河北邢台)时暴病而亡。赵高、李斯篡改他的遗诏,立胡亥为帝,埋下了秦朝灭亡的祸根。一代雄主秦始皇嬴政,终究无法顾及身后之事,留下了对万世基业的幻想。他死后不到三年,强大的秦帝国便在反秦义军的熊熊烈火中灭亡了。

两封遥远的来信

前面的章节中我们提到过，新的考古发现往往可以验证史书的记载，或者推翻史书的结论，具体到秦汉时期，人们的书写载体主要是简牍，所以考古资料中最珍贵的文物当属有字的简牍。一些重大的历史认识会因为出土简牍的记录而改变，很多重要的典章制度也因出土简牍而得以复原。其实，出土简牍里不仅有重大历史事件的记载，还有很多不为人知的小人物、小事件，本节我们要讲述的就是小人物的家庭故事。

两封家书

1975年12月，湖北省云梦县城关镇西郊睡虎地秦墓中出土了大量竹简等文物，这些竹简的长度是23.1至27.8厘米，宽0.5至0.8厘米，文字为墨书秦隶。根据墓葬的时代和竹简上的内容推断，这些竹简写于战国晚期至秦始皇时期。其内容主要是秦朝的法律制度、行政文书、医学著作、占卜日书等。

这些官方文书或者实用工具书大多出土于11号墓，与之相比，有两枚木牍上的内容显得十分独特，它们出土于4号墓中。释读文字之后可以发现，这是两封家书，而且是战地家书。结合墓中

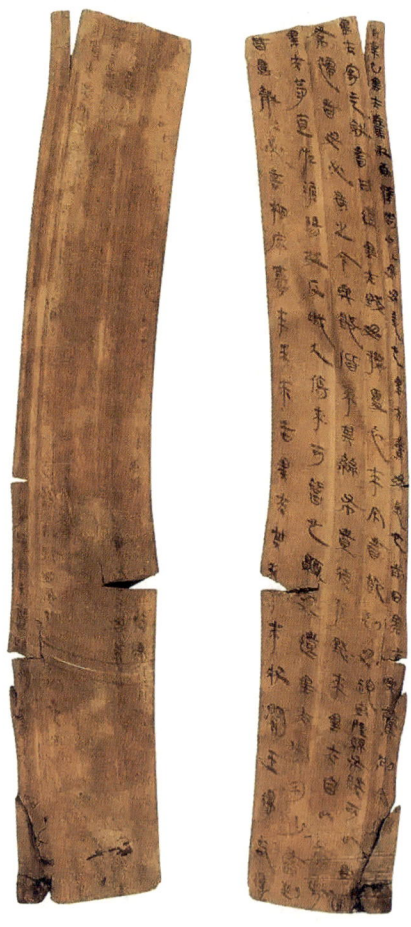

湖北云梦睡虎地秦墓出土的黑夫木牍　原件现藏于湖北省博物馆

其他随葬器物的时代可以推知，两封家书写于战国末期秦统一的前夕。写信的是两名秦国的士兵，名字分别叫作"黑夫"和"惊"。这两封信的大致内容如下：

第一封：黑夫写给衷

二月辛巳日，黑夫和惊向大哥问好。母亲大人身体好吗？我们兄弟俩还活着，一切安好。前段时间，我们因为作战被分到了两支队伍里，没在一起。春天马上就要过去，夏天将至，我们又见面了。

我黑夫再次给你写信，是想请家里抓紧寄点钱来，让母亲做几件夏衣送来。收到这封信后，请母亲注意比较下安陆的布价，如果不贵就给我们做好夏衣，连钱一起送来。如果布贵，就直接把钱送来，我们在这边买布做夏衣。

我们马上就要攻打淮阳，进攻这座反叛的城池，不知道会持续多久，战士们也不知道会发生什么意外，请母亲多给我们寄点钱。

收到信后请尽快给我们回信,一定要告诉我官府有没有把给我们家授爵的文书送到,万一没有送到更要和我说一声。大王说过的,军中立功的文书不会迟误。官府送立功文书到家,别忘了跟他道谢。寄信、夏衣到南方秦军大营时,一定不要弄错地址。

代我们问候姑姑、姐姐特别是大姑好。问问婴记季,我们和他商量的事情怎么样了,定下来没有。代我们向夕阳吕婴、匾里阎诤问好。惊很思念他的新媳妇和婉儿,新媳妇要学会孝敬和照顾老人,不要惹人生气,如果发生矛盾要谦让老人。

第二封:惊写给衷

惊现在问候大哥,母亲大人身体好吗?现在家里全靠大哥操持了,母亲大人在你的照顾下一定安好吧。自我们从军以来,我基本上和黑夫住在一起,黑夫之前说母亲她老人家一切都好。

钱、衣服的事情,黑夫的信里应该都说了,希望母亲寄五六百来。布要挑耐磨的,至少得二丈五尺。我们前段时间借了别人的钱,都已经用光了,家里再不寄钱过来就要出人命了,急急急!

我很惦记新媳妇和婉儿,她们都好吗?新媳妇要照顾好老人,我离家太远,婉儿只能拜托大哥教导,告诉她打柴时不要去太远的地方,一定要注意安全。我听说新地城的老百姓都逃亡了,这些乱民什么事都干得出来,官府的话都不听。

你们为我们祈祷的时候,如果得到下下签,不要惊慌,这只是因为我身在反叛的城市。帮我问候姑姑、姑姑的儿子彦。新地城有很多盗贼等不法之徒,大哥一定不要去那里。急急急!

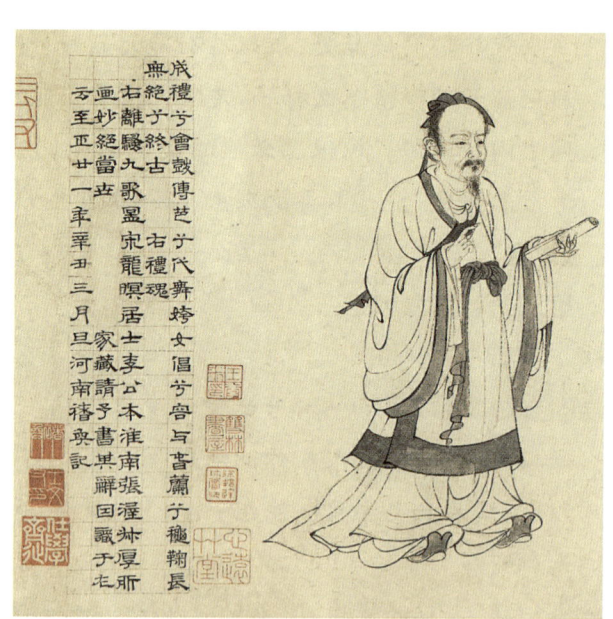

《九歌图卷》(局部) 《九歌》原为中国神话传说中的一种远古歌曲的名称,屈原在楚地民间祭神乐歌的基础上改作加工。屈原为楚国人,黑夫和惊参与的淮阳之战就发生在秦灭楚过程中

秦楚之战

以上便是两封信的大致内容,信息不是太全,但基本情况还是可以窥知一二。黑夫和惊应该是兄弟二人,而他们的大哥叫"衷"。这两封信是他们从前线寄给远在安陆的家中的,信中表达了对家人的问候。关心母亲和大哥的身体健康,关心惊的新婚妻子能否

和家人相处融洽。信中最要紧的事情是希望家里寄钱和做夏天穿的衣服送来。惊在信中用了"要出人命""急急急"等话来表达着急的心情。

信中提到的婉儿，有可能是黑夫和惊的妹妹，但从逻辑上来看，把新媳妇和婉儿放在一起，说明更有可能是惊的女儿。婉儿已经能够出去打柴，说明年纪也不小了，可以独立行动了。

黑夫和惊在信中都提到了，他们即将攻打淮阳，而且淮阳是一座反叛的城市。也就是说，淮阳之前已经投降秦军，或者已经被攻下，而这次再度反叛。那么，这座城市在什么地方呢？属于哪国呢？这场战役的具体情况又是怎样的呢？

淮阳在今天的河南省东南部周口市一带，这里在战国晚期属于楚国，所以秦军的对手是楚军。在本书第一节中我们提到过，秦灭六国中最为艰难的就是与楚国的战斗。秦将李信率领二十万大军进攻楚国，开始进军非常顺利，但后来被楚国名将项燕击败。最后秦王嬴政派遣老将王翦率六十万大军重新攻楚，才灭掉楚国。

淮阳离楚国后期的都城寿春距离不远，根据史学家田余庆的研究，秦将李信一度很顺利地攻下附近城池，然后派兵驻守，大军回师想与蒙武在父城（今河南平顶山）会合。此前楚军并未与秦军正面对抗，选择了撤退。当秦军西行时，项燕率领楚军紧追三昼夜，最终趁李信不备，大破秦军，攻下两座营寨，杀掉七名都尉，秦军败逃。

这次战役之后，楚军又重新占领了淮阳等地。而黑夫和惊称淮阳为"反城"，说明淮阳城又投降了楚国。综合来看，这次他们应该是隶属于王翦的部队，第二次向淮阳发起进攻。最终，秦军大败楚军,随后攻破楚都寿春,俘虏楚王负刍,灭掉了楚国。这一年,是公元前223年。

通过上面的分析,我们对当时的情况有了比较清楚的了解。黑夫和惊的老家在今天的湖北省云梦县,这里曾经是楚国的地盘,后来被秦国占领。秦国占领此地之后,立即推行了郡县制和军功授爵制。从信中文字来看,当地应当属于安陆县,而两人也已在战场上立下军功,即将被授予爵位。他们正在攻打的是淮阳,将要与楚军做最后的拼杀,战斗异常胶着,以至于他们自己都不知道何时能结束。给家里写信,并不是想渲染战争,而是家长里短的问候和讨要生活费。

翻开史书,其中对战国时期秦军最多的描述便是"虎狼之师",为了爵位、为了斩首、为了获胜,他们都是毫无感情的冷血杀手,战争机器。但是这两封遥远的来信,为我们展现出了完全不同的事实。在"虎狼之师"的外衣下,每一个士兵都有着丰富的内心世界,都是充满感情的人。

最后,大家最关心的问题应该是,黑夫和惊有没有活着回家。史书当然不会记载这些最底层的小人物,所以我们无法得到确切的答案。但是,真相可能十分残酷。

本节的开头提过,两封家书出土于4号墓,墓主正是黑夫和惊的大哥——衷。衷的墓极其寒酸,随葬品只有两封家书,石质的砚台、研墨石和墨,没有任何值钱的东西。由此可见,这两封家书对于衷非常重要,以至于死了还要一起随葬。因此,黑夫和惊极有可能都没能活着回到故乡,甚至尸骨无存,两封家书是他们最后的消息,所以才如此珍贵。

两封遥远的来信

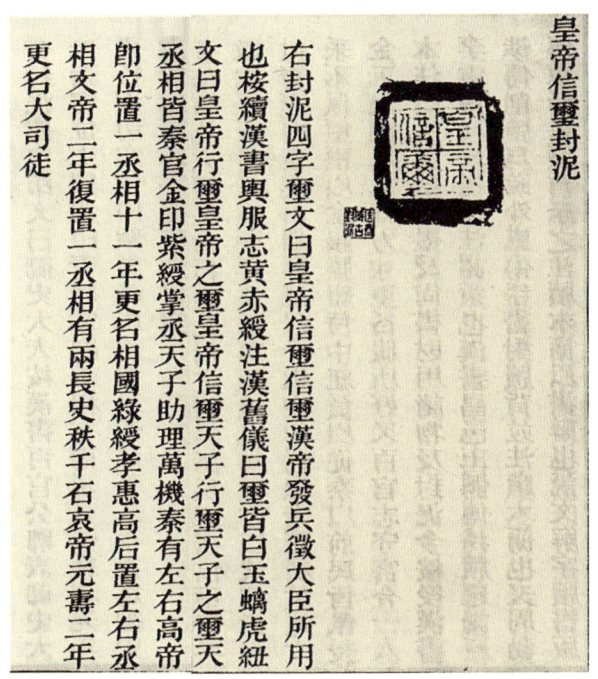

清代《封泥考略》中的"皇帝信玺"封泥　封泥是一种官印的印迹,是古代缄封简牍钤有印章以防私拆的信验物,《考略》认为"皇帝信玺"为汉代皇帝所用,后经考证,可能为秦帝所用。原件现藏于东京国立博物馆

这就是秦灭六国这样波澜壮阔的大历史下,两位小人物的命运。一将功成万骨枯,如果不是两枚木牍的出土,这样的小人物在大历史中绝对不会留下任何痕迹。

"王侯将相宁有种乎":陈胜起义

前面说过,秦二世即位以后,为了满足个人的享乐欲望,大兴土木,同时加重对人民的征发。

二世元年(前209)秋天,朝廷又征发贫民去渔阳(今北京附近)守边,陈胜等九百余人也在征发之列,他们在两名秦朝官吏的监督下前进。行进到蕲县大泽乡(今安徽宿州)的时候遭遇暴雨,道路被洪水阻隔,无法继续向前,不能如期抵达渔阳,而按照秦朝的法律,不能如期抵达的话,就会被处斩,情急之下,陈胜、吴广杀死了监督官吏,宣布举兵反秦。

大泽乡起义

那么我们不禁要问,陈胜是什么人,为何能领导反秦斗争呢?

陈胜的字是"涉",因此史书中也叫他"陈涉",他是阳城(今河南平舆)人。年轻的时候,他家里很贫穷,没有自己的土地,只好帮别人种地、打工讨生活。不过,和别的工人们不同,他虽在底层,但有高远的志向。有一天,他对一起耕作的伙伴们说:"以后咱们中要是有人富贵发达了,可别忘了一起干活吃苦的兄弟们!"(原文为"苟富贵,无相忘")大家听了都感到好笑:"咱们一天到晚只能卖力

"王侯将相宁有种乎":陈胜起义

气给人家种地,哪里会有富贵的一天呢?"

陈胜听了很不以为然,叹息道:"嗟乎!燕雀安知鸿鹄之志哉!"燕和雀大家知道,都是飞不高的小鸟,多栖息在屋檐下。而鸿是大雁,鹄是天鹅,都能在天空中展翅翱翔,飞越山河。陈胜在穷困潦倒时就喊出了"燕雀怎么能知道鸿鹄的志向"这样有志气的口号,足见他有着非比寻常的气质。

这种气质决定了在遇到危险的时候,他不仅不会退缩,还会主动想到解决危机的办法。当九百多名戍卒被困在大泽乡时,众人都像热锅上的蚂蚁,只能干着急,他的脑海里已经有了破解的办法。夜里,陈胜找到另一位首领吴广商议对策。

陈胜认为,现在大家的处境是,去了也是送死,逃跑被抓回来也是死,还不如干一番大事业。

吴广很敬佩陈胜的胆略,决定全力支持陈胜举事反秦的决定。为了能让九百多名戍卒乃至更多的群众听自己的号令,他们先是找到算命先生预测起事的吉凶,得到了肯定的答案。于是他们便用朱砂(一种红色的颜料)在一块手帕上写了"陈胜王(wàng)"三个大字,意思是"陈胜要称王",然后塞到鱼的肚子里。士兵们买鱼回来吃,发现了鱼肚子里的"丹书",

清代《百花鸟图》中的秦雁图

都感到非常诧异。

　　与此同时,陈胜又让吴广躲到营地附近,半夜点燃篝火,装成鬼火,并且模仿狐狸的声音,大声呼喊:"大楚兴,陈胜王!"正在睡梦中的士兵听到声音后都感到非常害怕。第二天,士兵们看到陈胜时都交头接耳,指指点点,加上陈胜平时就待人和善,颇有威望。吴广认为,起兵的时机成熟了。

　　于是他看到监督的两名官吏喝醉,故意扬言逃跑,激怒他们,引来官吏的责骂和鞭打。士兵们因此不满,吴广趁机夺下一名官吏的佩剑,将其杀死,陈胜也杀死了另一名官吏。

　　随后,陈胜把大家聚集在一起,高声说道:"我们在这里遇上了大雨,已经无法按期抵达目的地渔阳了。即便我们侥幸抵达,不被杀头,守卫边塞十分之六七的人也会送命。好儿郎不能就这么窝窝囊囊地死去,要死就赢得一个大名声!"接着他喊出了那句振奋人心的名句:"王侯将相宁有种乎!"意思是:"王侯将相难道就是天生的贵种吗?!"

　　士兵们早就对秦王朝的残暴统治感到不满,听到陈胜掷地有声的名言后,更是群情激奋,齐声高呼:"我们愿意听从您的号令!"

　　于是大家在陈胜、吴广的带领下,袒露右臂作为标志,歃(shà)血为盟,公开打出扶苏、项燕的名号,宣布起义。陈胜自立为将军,吴广为都尉,众人一举攻下大泽乡,接着又迅速攻下蕲县县城,拉开了反秦战争的序幕。

建立张楚

　　陈胜、吴广的举事,得到了附近百姓的积极响应,大伙纷纷"斩木为兵,揭竿为旗",加入起义军。大军很快攻克了今天安徽北部、

"王侯将相宁有种乎": 陈胜起义

河南东部的很多县城。陈胜把战火烧到了自己的家乡。

陈胜不仅胆识过人,还有很强的战略意识。在占领安徽、河南交界的不少地方后,他决定进攻附近的战略要地——陈县(今河南淮阳)。陈县是春秋时期陈国的都城,战国后期又曾是楚国的国都,此时则是秦朝淮阳郡的治所。如果能够占领陈县,不仅能沉重打击秦朝在东方的统治,还能真正举起楚国的大旗,号令部众。

于是起义军集合了六七百辆战车、一千多骑兵、数万步卒,重兵攻打陈县。淮阳郡守早已闻风丧胆,溜之大吉,此时龟缩守城的是二把手郡丞。负隅顽抗了没多久之后,守边军四下溃散,土崩瓦解。起义军杀了郡丞,攻入陈县。

为了更好地领导义军,壮大力量,陈胜在陈县称王立国,国号定为"张楚",意思是张大楚国。

此后,陈胜定下了以向西攻秦为主、四处扩散为辅的战略方针,派主力军向西进攻秦朝都城,另派偏师向各地进发。全国各地对秦始皇和

秦始皇陵陪葬坑出土的铠甲武士俑

二世的残酷统治早有不满,于是都起来响应陈胜的号召,攻杀秦官,占领郡县,义军的势力很快扩展到今天河北、山西、山东等地。

攻秦的主力则由吴广率领,一路西进,抵达战略要地荥(xíng)阳。但是在这里,义军遭到了秦军的顽强抵抗,迟迟不得前进。为了更快地消灭秦朝,陈胜命令大将周文绕过荥阳,向西进发,很快突破了秦军的防线,打到戏县(今陕西临潼),进入关中,距离咸阳仅百余里,兵锋直指咸阳。

兵败身死

义军的势力让秦二世大为震动,情急之下,他接受大将章邯的意见,放出了骊(lí)山的几十万刑徒,充当士兵。义军被打了个措手不及,向东撤退。周文、吴广先后被杀,这支部队最终全军覆没。

祸不单行,在遭遇外部打击的同时,起义军内部也产生了矛盾。陈胜称王以后,逐渐与战友们疏远,引发了大家的不满。早前曾和陈胜一起种田的老乡听说陈胜成了大王,特地从老家来陈县找他。陈胜一开始虽然对他不错,但当他听到此人不断地提及当年的旧事时,认为对方损坏了自己的威严,于是毫不客气地杀掉了旧日的伙伴,违背了当初"苟富贵,无相忘"的誓言。

陈胜的做法引发了部众的不满,就在此时,秦将章邯率领大军杀来,进攻陈县。张楚政权内部充满矛盾,无法团结力量,虽经激战,但终究败退到城父(今安徽蒙城)。正当陈胜准备东山再起,继续战斗时,他却被自己的车夫庄贾杀害,结束了短暂但充满光辉的一生。

从大泽乡起义到城父被杀,陈胜只战斗了不到半年时间。但由他点燃的反秦烈火烧遍了整个中国,著名史学家司马迁写道:

"陈胜虽死,其所置遗侯王将相竟亡秦,由涉首事也。"三年之后,刘邦杀进咸阳,推翻了暴秦的统治。

河南陈胜墓前的陈胜雕像

陈胜死后,被埋葬在芒砀山下,刘邦称帝后,追封陈胜为"隐王",并派三十户丁役守护陈胜墓,年年祭祀他。由此可见,无论是当时的人,还是今天的学者,都认为陈胜是反秦第一人,竖起了灭秦的第一面大旗。陈胜虽然未能取得成功,但他首倡义举、大胆反抗的精神直到今天依然感染着我们。

"彼可取而代也"：西楚霸王项羽

我们在第一节里曾经提到过，秦灭六国时的最后一波有力的抵抗来自楚国，还曾在那里遭遇过一场惨败，而那支楚军的主帅叫项燕。也正是因为楚人的顽强抵抗，后来流行起一句传播广泛的谣言："楚虽三户，亡秦必楚。"本节我们要讲的主角正是项燕的孙子——项羽。

起兵反秦

项羽的名字叫作"籍"，"羽"是他的字，他是下相人，大概在今天的江苏宿迁。小时候，他曾经学文识字，后来又学习剑法，但都没有学成。他的叔叔项梁责备他，他还嘴说："会写自己的姓名就可以了，剑法也只能杀一两个人而已，我要学就学能对抗一万个人的技能。"听了这话，项梁觉得这小子志向不小，于是让他去学兵法。项羽一开始学得不亦乐乎，但知道个大概以后，还是没有再坚持下去。如果就此以为项羽只是个身无一技之长、眼高手低的半吊子的话，那就大错特错了。后来的故事证明，项羽既是威猛无比的勇士，又是足智多谋的军事天才，堪称文武双全。

在项梁的教导下，项羽茁壮成长。后来项梁犯了罪，找了关系

"彼可取而代也"：西楚霸王项羽

后得以逃脱，跑到了江南，项羽也跟来。秦始皇巡游会稽的时候，他们在路旁观望，这时项羽说出了一句吓破人胆的话："彼可取而代也！"项梁慌忙捂住他的嘴，叫他别说这败家灭族的话。不过从这时起，项梁也愈加觉得，这个侄子不一般。

明代《三才图会》中的项羽像

陈胜吴广的起义，虽然短短几个月就被镇压下去，但已经动摇了秦王朝的统治根基，各地的反秦之火也逐渐燃烧起来。消息传到了江南，会稽太守也和项梁商议起兵反秦。项梁思索之后，决定还是单干更好。于是设了一计，让项羽杀掉了会稽守，取而代之，并任命项羽当了副将，开始四处征战，这一年项羽才二十四岁。

在取得一些胜利之后，项梁率领八千江东子弟兵渡过长江，向西北进发。在此过程中，他顺利收编了江淮之间的兵马，军队规模扩大到六七万人，屯兵下邳（今江苏邳州）。在此前后，英布、蒲将军、刘邦等人也投奔而来，队伍进一步得到壮大。

陈胜失败之后，反秦义军自相为战，没能形成合力。正在何去何从的迷茫之际，项梁叔侄迎来了他们最重要的谋士——范增。

范增是居巢人，今天的安徽巢湖依然有纪念他的建筑。当时范增已经年近七十，此前虽喜欢出谋划策，但一直在家中没有当官。这时，他主动到项梁的军队中，指出了陈胜灭亡的原因在于他没有遵从"楚虽三户，亡秦必楚"的人心，自立为王，而不是拥立楚王之后。因此，他劝说项梁拥立楚王的后代。身为楚将项燕之后，项梁当然采纳了这一建议，寻找到在民间放羊的楚怀王之孙熊心，仍然立为楚怀王，并把首都定在了盱眙。

成为上将军

在留下了陈婴辅佐楚怀王防守都城后，项梁自号为武信君，率领部队北上抗秦。在几个月的时间里，他兵分几路，从今天的江苏中部打到山东再到河南，势如破竹，屡胜秦军，特别是项羽在雍丘（今河南杞县）击杀了丞相李斯之子、三川郡守李由，威震天下。

也正是在节节胜利的时候，项梁及其部下将士们产生了骄傲情绪，认为秦军不堪一击，灭秦指日可待。部将宋义曾敏锐地提醒项梁不可大意，秦军实力尚存。遗憾的是，项梁无视了这一谏言。

正当楚军上下沉浸在胜利的喜悦和骄傲中时，秦军大将章邯率领关中大军突然赶到，在定陶（今山东菏泽）杀了楚军一个措手不及，项梁战死。刘邦、项羽本打算继续进军，但军心动摇，难以再战，商议之下，退回东方，在彭城（今江苏徐州）一带驻扎。惊恐的楚怀王也从盱眙赶到彭城，与大军会合。

北方的反秦战局在项梁死后急转直下，章邯击败了河北地区的义军，将赵王包围在巨鹿（今河北巨鹿），局势岌岌可危。楚怀王急召宋义前来商议，并任命他为上将军，项羽为次将，范增为末将，前去救援赵国。

"彼可取而代也"：西楚霸王项羽

然而，各地援军到达黄河南岸后，并没有立即与秦军交战，而是徘徊观望。项羽看在眼里，急在心里，果断向宋义请战。但宋义抛出了坐山观虎斗的"高论"，认为此时不宜出兵，而是等秦赵打得两败俱伤之时，再趁机出兵，这么一等就是四十六天。更过分的是，在友军水深火热、士兵挨饿受冻之际，宋义竟然离开军营，送儿子到齐国去当官，并在那里饮酒作乐。项羽大怒，认为此时天寒地冻，士兵粮食冬衣不足，求战之心恳切；同时赵国弱小，秦军强大，战事呈现出一边倒的局面，根本不可能出现宋义期待的"二虎相争，两败俱伤"的情况。于是他果断杀死宋义，并宣告三军："宋义与齐国商量反叛楚国，楚王密令我杀他！"诸将拜服，共立项羽为代理上将军，并派遣使者报告楚王，得到了楚王的承认，成为正式的上将军。

《新刻全像点板张子房赤松记》中的"追项"配图

巨鹿之战

成为三军主帅后，项羽迎来了一生中最高光的时刻。他率领大军渡过黄河，沉掉战船，摔烂炊具，烧掉房屋，每人携带三天口粮，向士兵们宣告，此战不胜不还。抵达巨鹿城外后，项羽围住秦军，与之大战九次，断绝了秦军的粮道，击杀秦将苏角，俘虏王翦的孙子王离。当楚军与秦军恶战时，诸侯的军队都作壁上观，不敢出战。楚军战士无不以一当十，喊杀声惊天动地，最终大破秦军。

完成了这一"不可能的任务"后，项羽召见诸侯将领，各国将帅进入军营后，都屈膝而行，不敢仰视项羽。从这个时候起，项羽成为整个反秦联盟的上将军，诸侯军队都归属于他了。

击败王离的军队之后，秦军主力仍在章邯的率领下与楚军对峙。就在此时，秦二世下来诏书，催促章邯出战。项羽等人利用章邯的畏惧心理，采取了攻心战术，给章邯写了封劝降信。最终，章邯与项羽约定投降，二十万秦军归入项羽帐下。由于楚军粮食不足，更重要的是，项羽担心秦降卒心思不定，反戈一击，于是残忍地下令趁夜将二十万降卒全部坑杀，在历史上留下了无法抹去的污点。

经过巨鹿之战和章邯投降，秦王朝已经彻底丧失了与起义军对抗的能力。于是项羽率领主力军趁胜向关中进发，却突然在函谷关（今河南三门峡一带）遇到了阻碍，原来刘邦已经率先进入咸阳，灭亡了秦朝，并派军把守函谷关，不让项羽的军队进入。消息传来，项羽大怒，命部将攻破函谷关，杀进关中，准备与刘邦决战。

鸿门宴

此时项羽拥兵四十万，驻扎在新丰鸿门，刘邦兵十万，驻扎在灞上。二人实力悬殊甚大，一旦开战，刘邦几无胜算。于是，在项羽方的项伯和刘邦方的张良二人的斡旋之下,双方在鸿门展开了会面。刘邦向项羽汇报了自己在灭秦中的战功,并声明自己拥立项羽,绝无二心。项羽遂摆酒宴请刘邦、张良,这就是著名的鸿门宴。

酒宴上,范增多次暗示项羽,请求除掉刘邦,以绝后患,项羽却默然不应。无奈之下,范增出门召部将项庄,命他进来以舞剑之名杀掉刘邦。此时,觉察到这一意图的"卧底"——项伯也起身舞剑,庇护刘邦,使项庄无法下手。

危难之际,张良出营门找到大将樊哙,对他说:"项庄舞剑,意在沛公。"樊哙赶紧带剑持盾冲进营帐,怒视项羽。项羽防备地问道:"你是干吗的?!"张良回答是沛公刘邦的部下樊哙。项羽下令赐酒肉,樊哙站着喝了一斗酒,又拿剑砍着吃了一大块半生的猪排。当项羽问樊哙还能否再喝时,樊哙答道:"大丈夫死都不怕,还怕喝酒嘛!秦有虎狼之心,杀人如麻,刑罚残酷,引来天下反叛。楚怀王与诸侯约定,先入关中灭秦的,就把关中封给他做王。如今沛公先破秦杀进咸阳,秋毫不犯,封闭宫室,还军灞上,等待大王。之所以派人守关,是防备盗贼与其他不测。如此劳苦功高,不仅没有获得封赏,反而听说大王要杀他。这是亡秦之政的继续,我认为大王不该如此。"

项羽回道:"没有的事儿,您赶紧坐下喝酒。"樊哙于是坐在张良身边。过了一会儿,刘邦起身上厕所,趁机招樊哙出来。项羽命陈平来叫刘邦回去。刘邦想走,但顾虑没有告辞,樊哙劝他不必拘泥小节,赶紧跑为妙。于是,刘邦留下张良并白玉一对、玉斗一双,仓皇逃离。张良把白玉献给项羽,玉斗献给范增,并就刘邦不辞而别之事向项羽请罪。项羽收下了白玉,范增则将玉斗丢在地上,拔剑击碎,叹气道:"竖子不足与谋。夺取项羽天下的,一定是刘邦,我等都将被他所擒。"后人也多因为鸿门宴中项羽优柔寡断,没有及时杀掉刘邦而指责他,不过平心而论,那时项羽只是诸侯的首领,并不是名义上的天下之王,对各路诸侯并无强制约束力,如果此时杀掉有功的刘邦,极有可能导致诸侯反叛,项羽所带的楚军虽强,但也未必能够顺利击败所有的诸侯联军,所以项羽的做法毋宁说是时局所迫。

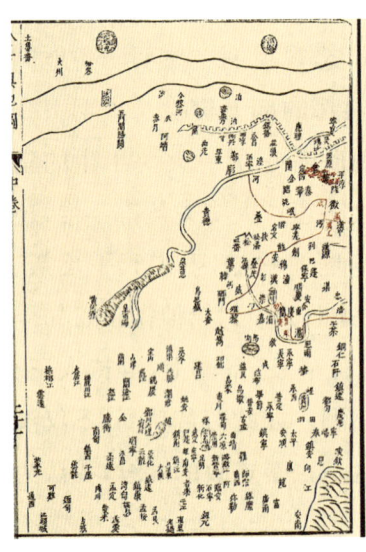
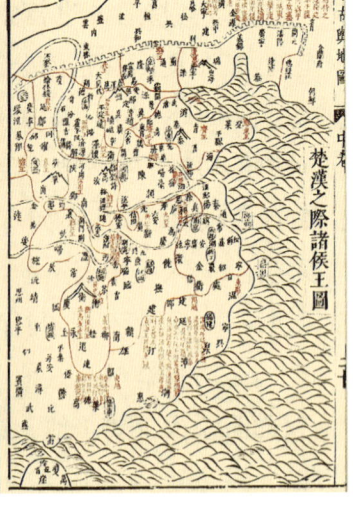

明代吴国辅根据沈定之的旧稿编辑而成《今古舆地图》中的"楚汉之际诸侯王图",秦灭亡之后,项羽分封十八路诸侯,汉王刘邦居蜀中,项羽为西楚霸王,占梁楚九郡

楚汉之争

几天之后,项羽率军屠杀了咸阳城,诛杀投降的秦王子婴,放火烧掉了宫殿,收缴宝物、美女回到东方。有人劝说项羽应该占据关中,称王称霸。项羽思乡心切,对人说:"富贵不回故乡,就像是

穿着漂亮的衣服在夜里走路,没人知道。"

回到东方以后,项羽尊楚怀王熊心为义帝,自立为西楚霸王,建都彭城,然后分封有功的十八人为王。值得注意的是,项羽并没有按照约定封刘邦为关中王,而是听取了范增的建议,封刘邦为汉王,封国在偏远的巴蜀地区,后来又在张良的斡旋下,把汉中地区给了刘邦。原先的关中地区则被封给三位秦朝降将:司马欣为塞王、章邯为雍王、董翳为翟王。这样安排的目的只有一个:防范刘邦。

分封完毕之后,项羽又把义帝熊心迁徙到偏远的郴县(今湖南郴州),并让人在半路将之击杀。因为击杀义帝、分封不公等,诸将很快起来反抗项羽,互相兼并。

公元前206年,刘邦也以替义帝报仇为名,起兵汉中。很快攻破三秦,进发中原。从这个时候开始,历史进入了楚汉争霸时期。

在战争初期,项羽握有绝对优势,屡次击败刘邦。不过,因为不能团结诸侯,原本臣服项羽的势力纷纷倒向刘邦,特别是盘踞淮南的九江王英布和在山东打游击的彭越,一直扰乱项羽的后方,使得项羽不能全力征讨刘邦。随着时间的流逝,胜利的天平开始逐渐倾向于刘邦。

终于,公元前202年12月,楚汉两军在垓下(今安徽灵璧东南)展开了战略决战。刘邦会合韩信、彭越、英布等军队三十万人,将十万楚军围在垓下,并不断取得胜利。夜间,汉军四面高唱楚歌,项羽大惊,以为汉军已全部占领楚地,觉得大势已去,于是与美人慷慨悲歌,率领八百骑兵趁夜突围。

天亮时汉军才发现,命骑将灌婴率五千人追击项羽至乌江(今长江北岸的和县乌江镇)。在汉军的打击之下,楚军仅剩二十余人。杀伤数百汉军后,乌江亭长劝项羽乘船过江,东山再起。项羽笑着说道:"天要亡我,我渡江还有什么意义?而且几年前我带八千江东子弟兵渡江西进,今天无一生还,纵然江东父兄可怜我,我还有什么面目见他们呢?"他拒绝了亭长的建议,并下马步战,杀伤数百人后,自刎而死。

一代霸王就此陨落,回顾项羽三十年的传奇人生,充满光辉却又让人叹息。从跟随叔父起兵到称王称霸,他只用了三年时间,兑现了当初自己吹过"彼可取而代也"的大牛,其勇气、胆识、智慧令人无比赞叹。本有机会永远统治天下的他,却很快败给了原本处于劣势的刘邦,最终身死国灭。关于项羽失败的原因,司马迁已经总结得很清楚了:他放逐义帝而自立,众叛亲离;他骄傲自大,不听属下之言;他迷信武力,智计浅短;他残暴非常,不懂宽仁。这些人格弱点,使他只能成为一个悲情英雄,而无法君临天下。

历史在秦亡之后,短暂地拐了个弯,但终究没能走上楚路,而是迎来了一个全新的时代,它的名字叫作——汉。

项王故里的项羽像

"大丈夫当如此"：汉高祖刘邦

上一节我们讲了霸王项羽的故事，如果说项羽是一位失败的英雄的话，那么他的对手刘邦就是标准的人生大赢家。

刘邦出生在沛郡丰邑，在今天的江苏丰县，不管是按照战国的区划还是今天的区划，他和项羽都是老乡，战国时候都是楚国人，现在都是江苏人，两人老家的直线距离不过四百里。不过，与大家脑中的刻板印象不同，刘、项并不是同一代人，刘邦比项羽大了足足二十四岁。

布衣出身

刘邦的字叫作"季"，那个时代的产业以农业为主，刘邦却不爱种田，从小就喜欢交朋友，待人宽和，豁达大度。长大了之后，凭借很好的人缘，被同邑人推荐去做官，后来就当了泗水亭长，相当于泗水片区的公安局局长。

和项羽一样，刘邦也曾经见过秦始皇，不同的是，他是在咸阳见到的。那时他去咸阳服徭役，在路上见到了出行的嬴政，不禁感叹道："大丈夫当如此也！"虽然听起来没有项羽直接取而代之那么霸气，但也显示出刘邦的志存高远，非比寻常。

亭长的日子虽潇洒但单调，整日沉浸在酒色之中，总显得有些枯燥无聊，刘邦时常会给自己找点乐子。这天，单父县大富豪吕公来沛县躲官司，在家大摆宴席，沛县人事局局长萧何当司仪。鉴于来蹭饭的人太多，他规定交钱一千才能入座，否则就在屋外头坐。刘邦想喝酒，但又没钱，于是高声喊道："刘季赞助一万！"通报传来，吕公大惊，慌忙请刘邦入内，邀他入座。萧何提醒吕公，刘邦没钱，经常唬人，成不了事。但吕公会看相，觉得刘邦不是一般人，坚持请他坐下喝酒。尽兴之后，吕公又单独留下刘邦，对自己眼光很自信的他，把女儿吕雉许配给了刘邦。酒醒之后，吕公的老婆大怒，责备丈夫不该把女儿嫁给这样一个不靠谱的二流子。吕公不听，坚持自己的决定。就这样，吕雉嫁给了刘邦，为他生下了一儿一女。

明代仇英绘《帝王道统万年图册》中的汉高祖刘邦，图中描绘的是汉高祖自淮南回西京，过山东，以太牢之礼祭祀孔子

"大丈夫当如此"：汉高祖刘邦

起兵反秦

当乱世即将到来的时候，刘邦也经历了和陈胜吴广相似的事情。他作为治安管理者，押送一帮人去咸阳骊山服劳役。路上逃亡的人很多，眼看着任务即将失败，却没有像陈胜那样宣布起义，而是干脆释放了剩下的人，只带着十来个老兄弟往野地里逃去。那天喝多了酒，经过一片沼泽地时，探路的人回来报告："前方路上有条大蛇挡路，掉头吧。"酒壮怂人胆，刘邦仗着酒劲拿着剑冲上去，将蛇一剑劈开，大步向前，走了好几里才醉倒在地。后来有人经过斩蛇的地方，见到一个老太太在哭泣，问起缘由，老太太回答："我儿子是白帝，变化成蛇，前几天在路上被赤帝的儿子给杀了。"大家都以为这老太太讲胡话，正要向官府告发她造谣，孰料她忽然消失不见。众人都感到很疑惑，就把这事儿告诉了刘邦。刘邦内心窃喜，众人却对他愈发敬畏。

这件事当然非常玄乎，很有可能是口耳相传的吹牛。不过经过此事，刘邦没法再当亭长了，不得不流窜逃跑。他逃到山泽间，由于平时积累了大量的人脉，手下便聚集了几百弟兄。

秦二世元年（前209）的秋天，陈胜吴广在大泽乡宣布起义，势头发展得很猛。反秦的怒火既已燃烧，其他地方也都蠢蠢欲动，刘邦所在的沛县也不例外。沛县县令也想起事，手下萧何、曹参跟他说，刘邦这个人很有才能，他又在外头聚集了一帮人，可以把他召回来共商大计，县令答应了他们的建议。正当使者樊哙把刘邦带回城外的时候，县令怕刘邦抢功，突然反悔，关闭了城门，不让刘邦的队伍进城。然而那时刘邦已经得了民心，于是城里的百姓们一起杀掉了县令，打开城门迎接刘邦进城。众人拥立刘邦为县令，刘邦力辞，双方僵持良久，最终刘邦答应做了沛公。

准备就绪之后，刘邦聚拢郡中两三千子弟兵，举起了反秦的大旗，开始向西方进发。

不过，与项梁、项羽叔侄的顺利不同，刘邦在起兵之初就常遭遇坎坷，吃了好几场败仗，还被好友背叛。因此当项梁大军打来之时，刘邦便投靠了他们，与之建立了盟友关系。

明代《帝鉴图说》中的"任用三杰"即汉高祖事迹

开始时刘邦与项羽合兵征战，而在项梁战败被杀之后，二人便分兵抗敌。当项羽在河北的巨鹿大显身手击败秦军之时，刘邦则带着自己的部队征战河南，试图打通洛阳，进入关中。不过虽然刘邦收编了不少将领、人马，但是这条路并不顺利。在张良的建议下，他们挥师南下，攻占了南阳郡治宛城（今河南南阳），并在那里得到了南阳郡守的帮助，从河南西南部，经今陕西商洛的武关杀进了关中。

公元前207年10月,刘邦兵至灞上,直逼咸阳城,在各路诸侯中占得了先机。已经放弃帝号的秦王子婴见大势已去,遂驾着素车白马,用绳索系着脖子,封好皇帝的印玺和符节,跪在道边,向刘邦投降。刘邦接受了子婴的投降,并驳斥了诛杀子婴的建议,保留了他的性命。

在张良、樊哙等人的建议下,刘邦没有住到皇宫里,而是封锁仓库,退守灞上。为了显示自己的仁德,他命令部队秋毫无犯,并召集关中父老,宣布废除秦朝严苛的法令,与大家约法三章:杀人者死,打伤人和偷盗者按罪论处。刘邦的做法迅速为他赢得了老秦人的民心,大家争着打酒杀牛来犒劳军队,却被他一一婉拒。

正当局势变得对刘邦越来越有利时,手下给他出了一个昏招,让他封锁函谷关,阻挡项羽和其他诸侯入关的道路。此举激怒了项羽,在此后的鸿门宴上捡回了一条命。

此后刘邦未能如约受封关中王,反而被封为汉王。虽然心有不甘,但慑于项羽的实力和威望,他也不得不无奈地接受分封,率领军队进入汉中。在进入汉中之时,大将韩信下令烧掉了沟通关中和汉中的栈道,向项羽表示汉军并无东还之心。而当项羽杀掉义帝,东方局势重新陷入混乱之际,韩信率领汉军从故道杀回了关中,并很快平定了三秦地区,开始逐鹿中原。

在接下来的几年中,汉军先后平定了韩、魏、赵、齐等地,形成了与项羽率领的楚军两强对峙的局面。

时间终于来到了公元前202年腊月,在决定命运的垓下之战中,汉军大获全胜,并最终在乌江逼得项羽自刎。老辣的刘邦笑到了最后。

建立汉王朝

前202年,刘邦在山东定陶汜水之阳举行登基大典,定国号为汉,史称西汉。一个崭新的时代开始了。

明代刘俊绘《汉殿论功图》,画面居中坐者为汉高祖刘邦
原件现藏于美国大都会艺术博物馆

在洛阳举行的庆功宴上,刘邦谈自己能够击败项羽的原因,说道:"运筹帷幄之中,决胜千里之外,我不如张良;安定国家,镇抚百姓,运送粮草,搞好后勤,我不如萧何;率领百万大军,所向披靡,战无不胜,攻无不克,我不如韩信。这三位都是人杰,我能用他们,所以得了天下。项羽只有一位范增,却不能用他的谋略,这才是他被我擒杀的原因所在。"

汉王朝虽然建立于秦朝的废墟之中,但其中央和地方的诸多制度仍然沿用了秦制,这就是史书中所说的"汉承秦制",比如最为重要的三公九卿制。

不过，在地方制度上，汉与秦有一个最鲜明的区别。秦实行的是纯正的郡县制，而汉则杂糅了郡县和分封制。这是为什么呢？

原来，在汉王朝建立之初，刘邦为了犒赏有功的将帅，封了几位主要的功臣为王，他们就是异姓王，其中主要有楚王韩信、燕王臧荼（后改封卢绾）、赵王张耳、淮南王英布、梁王彭越、韩王信（不是那个韩信）、长沙王吴芮。这些诸侯王占据着东方的大片郡县，与中央形成若即若离的关系，给皇帝的权威带来了很大的挑战。

刘邦作为一国之君，天下的皇帝，不可能对这种局面置若罔闻。于是在称帝之后的几年中，他主要的精力便放在了诛杀、平定这些对皇权构成威胁的异姓王上。燕王臧荼、卢绾、赵王张敖（张耳之子）、韩王信、梁王彭越、楚王韩信、淮南王英布等先后被废杀，只有长沙王吴芮因为地处南方，实力弱小，又谦恭自守，得以保留。

消灭了异姓王之后，刘邦又分封了自己的兄弟子侄为王，是为同姓王。汉高帝十二年（前195），刘邦杀白马为盟，定下誓约："非刘氏而王者，天下共击之。"

再伟大的英雄也有走到尽头的那一天，完成了统一大业，奠定了大汉四百年基业的刘邦也终究要面对死亡。汉高帝十二年四月二十五日（公元前195年6月1日），刘邦驾崩于长安长乐宫，享年六十二岁，葬于长陵，谥号高皇帝，庙号太祖。

以一介布衣，凭借自身的努力和时代的造就，最终成为皇帝，刘邦是中国历史上的第一人。无须再做过多的评价，他的生前作为和身后功业足以证明一切。

汉初三杰

秦朝灭亡之后,项羽与刘邦为争夺天下展开了长达四年多的对抗,史称楚汉之争。最终刘邦击败了项羽,夺取了天下。上一节我们提到,在称帝之后的庆功宴上,他曾询问群臣,自己能够以弱胜强、战胜项羽的原因。在他的总结中,他提到三个人,分别是张良、萧何和韩信,这三人也被称作汉初三杰。今天我们就来聊聊他们的故事。

猎人之功——萧何

首先从最早跟随刘邦的萧何开始。

萧何是刘邦的老乡,在沛县当主吏掾,相当于今天的县人事局局长。刘邦还是一介布衣的时候,因为行为不羁,得罪过不少官民。萧何经常罩着刘邦,帮他平事。刘邦当上亭长,去咸阳出差的时候,大家都送三百路费给他,萧何送了五百,表现出与刘邦非同一般的关系。

虽然屡次保护刘邦,但萧何并不是徇私枉法之人。相反,他对本职工作非常认真负责,年度考核成绩经常位居全郡第一。朝廷有意调他进京当差,但被他一再推辞。

当刘邦斩白蛇起义之时,萧何便追随他,帮他处理军务。与曹参、樊哙等战将不同,萧何的强项是政事。刘邦攻入关中之后,诸将都奔向仓库争夺财物,唯独萧何径直走向丞相和御史大夫的官署,把朝廷的律令图书全部收藏起来。等到项羽焚烧宫室、扬长而去的时候,刘邦凭借萧何收藏的这些资料,得以对天下的关隘、户口、粮食等信息了如指掌,为之后的胜利奠定了基础。

清代《古今圣贤像传略》中的萧何像

刘邦受封汉王,任命萧何为丞相。随后刘邦起兵抗楚,在外征战,萧何则辅佐太子,镇守关中。当刘邦顺利进军时,萧何为大军提供后勤保障;当刘邦遇到挫折,士卒逃亡时,萧何为他征发新兵,补充兵源。史书称萧何"专属任何关中事",等于扮演了后方大总管的角色。

天下大定,封赏功臣之时,众人争功,持续一年多无法决断。最终,刘邦亲自下令,萧何功劳最大,封为酂侯,食邑最多。刘邦认为:打猎的时候,追着咬猎物的是狗,但是发号施令的是人。武将功劳,就像猎狗一样。而萧何的功劳,是猎人之功。

功劳既定,列侯要准备受封,该讨论先念谁的名字了。内侯鄂君进言:"陛下与项羽对峙近五年,萧何在后方供应粮食;当陛下陷入困境的时候,萧何为陛下补充兵源。所以陛下虽然多次丢掉山东的地盘,但是萧何总是能够为陛下保全关中之地,这是万世之功,无可替代!萧何第一,曹参第二!"

刘邦听后大喜,当即拍板认同。不仅如此,他还赐萧何剑履上殿,入朝不趋,也就是带剑穿鞋上殿,上朝的时候可以不小跑。这两样其实是很高的荣誉,显示出与皇帝的亲近,古来获此殊荣的没有几位。

接下来的几年中,刘邦不断征讨异姓诸侯王,萧何依然作为相国辅佐皇太子镇守关中。这时,刘邦多疑的性格再次显露,为此萧何除了重施故技,把家产捐出来支援前线外,还想了个办法。他在关中大肆强买老百姓的土地,为自己广置田宅,惹得民怨沸腾。刘邦班师回朝之时,大家都上书告状。刘邦笑着把状子扔给萧何,让他自己去处理,其实他心里暗喜,因为大家都骂萧何,代表萧何不得人心,就永远不会威胁皇位了。萧何通过自污名节打消了刘邦的疑心,保全了自己。

惠帝即位不久,萧何积劳成疾,病重卧床。惠帝遣人询问萧何后事,萧何虽与曹参的关系不好,但向皇帝推荐了曹参替代自己做相国。后来曹参果然遵循了萧何制定的各项制度,继承了他的遗志,留下了"萧规曹随"的美名,这反映出萧何是何等的大公无私和慧眼识珠!

战无不胜——韩信

讲完了萧何的故事,再来聊聊韩信。

韩信是淮阴人,就是今天的江苏淮安,离刘邦老家也不远。他

汉初三杰

年轻的时候很穷,也没有突出的德行,找不到谋生的差事,只得经常去亭长家蹭饭。时间一长,亭长的老婆不干了,有天故意提前吃完了饭。韩信进门一看,对方已经刷锅了,明白这是不想再给吃的了,一气之下离开此地,跑到河边。饿得不行的时候,一个洗衣服的老太太可怜他,给他饭吃,这么一吃就是好几十天。韩信很高兴,对老太太说:"今后我发达了,一定报答你!"老太太听后大怒:"大丈夫连自己都养活不了,我给你饭吃,只因你是贵族子弟,不是一般的饭桶,并不是想求你报答!"

淮安漂母祠

韩信虽穷,但随身配着一把宝剑,这一般是贵族的待遇,所以淮阴城里屠夫的小孩就看他很不顺眼,当众侮辱他:"你虽然带着剑,长得人高马大,但你其实胆小如鼠。今天你要是有能耐,一剑刺死我,我敬你是条汉子;要是不敢杀我,你就从我裤裆底下钻过去!"韩信看了看,竟然真的从他的裤裆下钻了过去,大家都以为韩信胆子是真的很小。

后来,项梁叔侄的大军打到了淮阴,韩信仗剑投效,但是项梁、项羽并不重用他。于是韩信转而投奔了刘邦。开始时仍无名气,后来犯法要被杀头时,他长叹一声:"汉王难道不想得天下吗?为何要杀壮士啊!"夏侯婴听到他的话,觉得他不是一般人,就把他推荐给了丞相萧何。

萧何跟他交谈以后,认为他非常有才,正要向刘邦推荐,韩信却觉得刘邦不会重用自己,逃跑了。萧何来不及禀报,连夜亲自去追韩信。刘邦以为萧何也逃亡了,正生着气,萧何回来了。刘邦问他跑哪去了,答曰:"去追韩信了。"刘邦更加生气了:"那么多大将逃跑,你都不追,去追一个无名小卒!"萧何趁机向刘邦陈说了韩信的才能,并力劝刘邦任命他为大将。刘邦听从萧何的建议,沐浴斋戒,登坛拜韩信为大将。

刘邦任用天下有才之人,封赏有功之人,一定能击败项羽。而当前的实时战略是,利用关中百姓对三秦王的不满和对刘邦的爱戴怀念,攻取关中,作为根据地,然后再谋取中原,与项羽一争天下。

刘邦听后大喜,完全遵从韩信的建议,发兵进军关中,果然一切顺利。随后,韩信率兵平定韩、魏,之后从今天的山西经太行山上的孔道井陉向河北进发,进攻赵国。

赵王和丞相陈余与韩信对峙,并没有采纳部下的建议,堵住井陉口,而是让出了道路,准备在平地上与韩信决战。韩信将计就计,一面派轻骑兵两千人事先埋伏,一面亲率主力军万人背水列阵,显示出与赵军决一死战的信心。两军对阵,厮杀良久,韩信诈

汉初三杰

败而走,赵军倾巢而出,韩信军队退到河边,无路可退,随即回身死战。这时,事先埋伏的两千轻骑兵趁赵军营垒空虚,杀进赵营,拔掉赵军旗帜,插上汉军旗帜。前方赵军不敌韩信,败逃到营垒门口,恍然发现,老家已被汉军占领,四散溃逃。汉军大获全胜,并趁乱击杀了赵王和丞相。

背水一战是韩信的高光时刻,但韩信的才能并非昙花一现。在平定赵地之后,他又挥师东南,荡平齐地。随着战事的顺利、功劳的累积,手握重兵的韩信也逐渐膨胀。他派使者请求刘邦封他为假齐王,前面我们提到过,"假"就是代理的意思。刘邦大怒,在张良、陈平的提醒下,意识到韩信的军队已经非他所能随意节制,于是封韩信为齐王。

当此之时,刘邦在中原与项羽僵持,韩信则身为齐王,占据北部疆土。有人劝韩信趁机自

青花萧何月下追韩信图梅瓶
文物现藏于南京市博物馆

立,可与刘项共争天下。韩信感激刘邦的重用,没有听从。

在垓下之战中,韩信身为前敌总指挥,第一次也是最后一次正面与项羽对战。这一次,他十面埋伏,大获全胜,击败了曾经的主公,向世人证明了自己。

刘邦登基以后，考虑到韩信是楚国人，改封他为楚王。荣归故里的他，找到了当年的那些人，重金报答了洗衣老太太，宽恕了给他胯下之辱的恶少年，又甩给亭长几百钱，作为对这个势利小人的回报。

天下已定，大将再无用武之地。猜忌心极强的刘邦不可能容忍异姓王的存在，先将韩信废为淮阴侯，而后依然不放心。最终，深知刘邦心思的吕后利用韩信对萧何的信任，让萧何写信给韩信来长安相见。韩信信以为真，来到长安，被吕后杀害。

得知韩信的死讯后，刘邦既高兴又怜惜，高兴的是除掉了一大隐患，怜惜的是一代兵仙就此陨落。

值得一提的是，韩信因萧何而发迹，又因萧何而死亡，这真是"成也萧何，败也萧何"。

运筹帷幄——张良

最后再来聊聊汉初三杰中传奇色彩最浓的张良。

张良字子房，长得白白净净的。祖上是韩国大贵族，他的祖父、父亲都曾经当过韩国的相国，父亲去世二十年后，韩国被秦国灭掉，张良成为亡国之人。因为世受韩恩，张良一直谋划替韩国复仇。因此，他家中原有奴仆三百人全部卖掉，弟弟死后也不下葬，攒下的

《历代帝王圣贤名臣大儒遗像》中的张良像

钱都用来寻找刺客,为韩国报仇。

一个很偶然的机会,他在东方遇到了一位大力士,名叫仓海君。于是张良专门打造了一个重达一百二十斤的大铁锤,趁秦始皇巡游到沙丘的时候,让仓海若从山坡上砸下来。可惜的是,铁锤没能命中皇帝座驾,只是击中了随行车辆。始皇帝大怒,命人追拿凶手,张良不得不隐姓埋名,躲避起来。

有一天,他在下邳游玩,桥上遇到了一位老翁。老翁穿得破破烂烂,走到张良跟前,突然把鞋扔到桥下,然后大声命令张良:"给我捡鞋!"张良非常恼火,当时就想揍他,但看他年老,勉强答应,走到桥下把鞋捡了上来,递给老翁的时候,老翁又叫道:"给我穿上!"张良已经把鞋捡起来了,不得不憋着火跪在地上,帮老翁穿上了鞋。老翁很高兴地说:"孺子可教也!五天后来桥上跟我相见。"张良感到非常疑惑,五天之后,如期而至,老翁见了张良就骂:"跟老人家约定相见,怎么能到得比我还迟呢!五天后再来!"又过了五天,张良一大早赶到,竟然还是落在了老翁的后面。老翁再次发飙,让他五天后再来。这一次,张良干脆踏着夜色赶到桥上,过了一会儿,老翁才到。见张良已到,老翁大喜过望,称赞他做得好,然后从怀中取出一编书,对张良说:"读了这部书,你就会成为王者之师。十年以后,能立大功。再过十三年,你将会在济北遇到我,谷城山下的黄石,那就是我。"说完之后,闪身不见。天亮之后,张良拿起书看,才发现这是《太公兵法》。张良感到很神奇,于是勤加研习,等待机会。这件事当然十分传奇,多半是演义传说,但张良的确深通兵法,显然是有名师指导。

在下邳躲避的这几年,张良并没有低调行事,反而经常干一些行侠仗义的事。例如,项伯曾经杀人,张良帮他逃跑,救了他一命。

当陈胜起义时,张良也聚拢了上百人,准备起事。后来楚军打到附近,张良便有意投奔,路上遇到了刘邦的队伍。和刘邦交谈以后,他发现自己的谋略很受刘邦认同,与之前他遭受的待遇迥然有别,于是他认定,跟在刘邦身边能够发挥出自己的才能,干出一番大事业。

在刘邦攻进关中的战斗中,张良谋划万全,立下大功。进入关中,灭亡秦朝后,他又力劝刘邦严控手下,善待百姓,都被刘邦采纳。在至关重要的鸿门宴中,张良更是凭借自己和项伯的老关系,从中斡旋,救了刘邦。

此后,项羽分封诸侯,刘邦原本只得到了偏远的巴蜀地区。张良把刘邦赏赐给自己的金银珠宝统统送给项伯,请他在项羽面前进言,使得刘邦得以将汉中也变成自己的封地。汉中地处关中与巴蜀之间,是重要的交通孔道,刘邦后来正是以汉中为跳板,占领关中,杀回了中原。

刘邦受封汉王之后,张良送他到栈道入口,并建议刘邦通过栈道之后,立即将其烧毁,以示不再返回之心,起到麻痹项羽的效果,刘邦采纳了这个计策。

张良本是韩国贵族,但原本他所拥立的韩王成并没有受到项羽的重视,反而被杀。张良不得不趁夜抄小路西逃,重新归附刘邦。刘邦出兵对抗项羽之后,张良献出了关键一计:"九江王英布是楚国的勇将,与项羽不和;彭越在梁地打游击,骚扰项羽。我们应该尽快联合这两人。同时,韩信是我们的大将,可以独当一面,应当给他军队,让他平定各方。"刘邦一一采纳,最终借助这三人的力量击败了项羽,夺取了天下。

论功行赏之际,张良因久随刘邦在军中谋划,没有前线的战功,不好定级。刘邦肯定了张良的大功,让他随意选齐地三万户做封地。张良推辞道:"我没有什么功劳,哪能受此大赏。当年我和陛下相遇在留这个地方,现在您就把留封给我吧。"于是受封留侯,食邑与萧何相等。

汉代彩绘陶仓
文物现藏于陕西历史博物馆

刘邦登基之后,张良身体多病,低调谦恭,很少出风头。除了在封赏功臣、定都关中和确定太子等大事上,他给予了建议之外,一般不发表议论。这几条建议,刘邦也都照办了。

后来他随刘邦巡游到济北,果然在谷城山下看到了一块黄石,于是将其取出,四时祭拜。孝惠帝时,张良去世,下葬时将黄石也一并随葬,把他过人的智慧和传奇的人生永远地留在了地下。

女主吕后

公元前 195 年 6 月，一代枭雄汉高帝刘邦驾崩，算上受封汉王的时间，他一共在位十二年，即位的是他和吕后所生的嫡长子刘盈。有人可能会问，什么是嫡子？更有熟悉历史的人会质疑：刘盈并非刘邦的长子，刘邦的大儿子应该叫刘肥。

关于这个问题我们要稍作解释。在漫长的中国古代史中，继承人问题一直是一个政权的核心问题之一。大多数时期，中国实行的是嫡长子继承制。长子很好理解，就是年纪最长的儿子。嫡子呢？就是嫡母所生之子。所谓嫡母，就是父亲的正妻。我们经常会听到，中国古代的男人是一夫多妻，其实这是错误的说法，准确来说，应该是一夫一妻多妾制。正常情况下，一个男人只有一个妻子，其他的女人都是地位相对较低的妾，妾生的儿子就只能叫庶子。如此一来，嫡长子继承制就很合理了：嫡子最贵，长子最亲，二者综合，完美无瑕。

刘肥固然是刘邦的长子，却并非刘邦正妻吕雉所生，而是曹姬之子，所以他只是庶长子。而皇位理所当然应该由吕后所生的嫡长子刘盈继承。

女主吕后

惠帝早逝

不过制度毕竟只是制度,具体施行又是另一回事了,所以刘盈的即位过程并非一帆风顺。刘盈生性文弱,刘邦并不是很喜欢他。与自己的儿子一样,年老色衰的吕雉同样越来越不受刘邦的宠爱。刘邦晚年最宠幸的女人是戚夫人,恰巧这位戚夫人也有一个儿子——刘如意。于是刘邦当然想改立刘如意为太子,百年之后让他继承皇位。这是对体制的挑战,也是对以吕家为首的外戚集团的挑战。几经博弈,这个提议最终在大臣们的集体反对之下宣告作罢,刘如意最终只是被封为代王。

汉代"皇后之玺",钮为螭虎,是汉代皇后的印信
文物现藏于陕西历史博物馆

当刘邦驾崩之后,十六岁的刘盈即位。由于尚未成年(古代男子二十岁行冠礼,举行成年仪式),性格又相对文弱,再加上有一位非常强势的母亲,刘盈在位期间并没有充分掌握大权。

但刘盈并不是一个无所事事的昏君,即位之后,他基本遵循了刘邦的国策，依旧任命萧何为丞相。萧何死后，又以曹参代之。曹参也延续了萧何的政策，几乎没有变化，这就是"萧规曹随"。

刘盈其实心地非常善良，举一例即可说明。刘邦死后，戚夫人和刘如意失去了庇佑，嫉妒心很强的吕后便想除掉刘如意。刘盈深知母亲的想法，担心弟弟的安危。于是小心谨慎地保护弟弟，二人同吃同住，吕后一直找不到机会下手。有一天，刘盈早起外出，不忍吵醒弟弟，便将其留在宫中。吕后的爪牙得到消息后，立即报告吕后，吕后便趁机将刘如意毒死在寝宫。待刘盈回宫后，才发现弟弟已经惨死，虽然悲痛万分，但亦无可奈何。

毒死刘如意之后，吕后又将毒手伸向戚夫人，最终残忍地将其杀害，并把尸体送给刘盈看。刘盈失声痛哭，对吕后说道："这种事不是人能够做出来的，虽然如此，儿臣是您的儿子，也不能把您怎样。"于是大病一场，无法再处理朝政。

受到了惊吓的刘盈，从此郁郁寡欢，只得借酒浇愁，最终染上宿疾。公元前188年，不到二十四岁的刘盈一病不起，英年早逝。他的谥号是"孝惠皇帝"，汉朝以孝治天下，皇帝的谥号里都有"孝"字，而"惠"有仁慈、柔顺的意思，这个谥号非常符合刘盈的性格。

吕后干政

刘盈死后，即位的是他的儿子少帝刘恭。除了刘恭之外，他还有五个儿子。但奇怪的是，如果按照正统史书的记载，刘盈并没有儿子，这是怎么回事呢？

少帝刘恭虽然是名义上的皇帝，不过，当时实际掌权的还是吕后。而且很快她就废掉了刘恭，自己称制。后来迫于压力，又曾立刘恭的弟弟刘弘为帝。但实际上直到死前，她一直牢牢掌握着汉王朝的中央权力。所以严格意义上来说,中国封建王朝中,最早掌握国家政权的女人不是武则天,而是吕雉,只是她没有公开改朝换代而已。

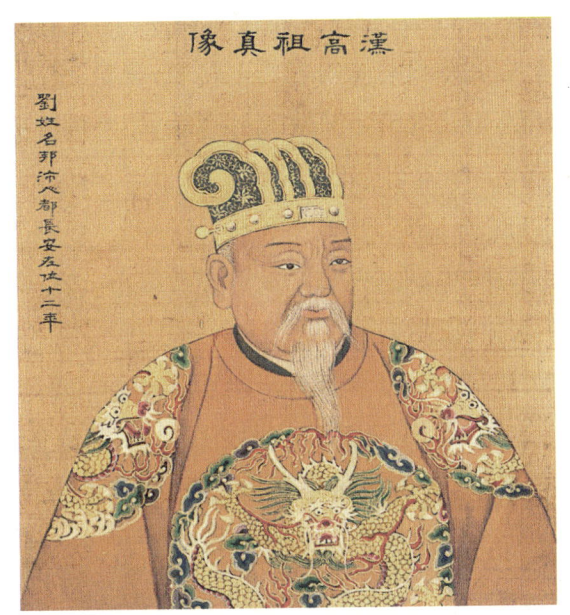

《历代帝王真像》中的汉高祖像
画册原件现藏于美国大都会艺术博物馆

惠帝刘盈死后,吕后又掌权了八年。在这八年的时间里,政治其实并没有太大的波动,吕后尊崇的是黄老思想,并不对政事有过多的干涉,而是让社会尽可能地在正常的秩序下自由地恢复和发展。

吕后当政时,为了增强自己的执政基础,先后封了好几个吕姓子弟为王,其中包括吕台、吕产、吕禄、吕通等人。不仅如此,为了削弱敌对势力,她还废杀了刘邦的儿子代王刘如意、赵王刘友,也曾一度想杀掉齐王刘肥,只是没有得逞。

吕后打压刘氏、培植吕氏的做法引起了刘氏宗室和功臣的不满,但因为吕后本人既有能力,又有威望,所以大家都敢怒不敢言。

公元前180年,吕后病重。她深知宗室与功臣并不支持吕姓诸侯王。于是在死前命赵王吕禄为上将军,统领北军,吕产统领南军,并告诫他们,自己死后不要去城外送葬,要时刻握紧军权,防止敌对势力夺权。

诸吕之乱

八月,吕后病逝,吕家失去了最重要的靠山。吕禄等人十分紧张,于是聚在家中,谋划叛乱。

朱虚侯刘章是刘邦庶长子齐王刘肥的次子,同时也是吕禄的女婿。因此,他获知了这一消息。他赶紧派人把消息告诉了自己的哥哥齐王刘襄,刘襄随即联络其他刘氏诸侯王,以"消灭不当为王的人"为口号,从东方进兵,讨伐诸吕。

吕禄得到消息之后,派大将灌婴抵抗刘襄。但是灌婴本是汉朝大臣,忠于刘氏,所以暗地与刘襄联合,不再进军,等待消息。

局面陷入僵持之际,长安城内的太尉周勃、右丞相陈平等人设计让吕禄交出了北军的军符,从而派人夺取了北军军权。接着周勃进入军中,向着士兵们高喊:"支持吕氏的袒露右肩,支持刘氏的袒露左肩!"众士兵纷纷袒露左肩,高声呼喊。在控制了北军之后,周勃又联合刘章夺取了南军军权。

一切准备就绪之后,周勃命刘章以进宫护卫皇帝为名,捕杀了南军统率吕产,而后又杀掉吕禄,并四处捕杀吕氏余下的成员。经此一役,诸吕被诛杀殆尽,所谓"诸吕之乱"也得以平定。

既然已经清除了诸吕势力,那么惠帝的儿子刘弘应该继续做皇帝。不过,功臣们认为,惠帝并无子嗣,所谓的六个儿子都是吕氏的孽种,自然应该全部除掉。

到了这个时候,齐王刘襄似乎成了最有力的皇帝继承人。他是刘邦的庶长孙,在平定诸吕之乱中,立下了首功,而他的弟弟朱虚侯刘章更是动乱最早的发觉者。所以综合来看,由他继承皇位是最合适的。

不过,周勃、陈平等人认为,齐王的舅舅并非善类,如果让他继承了皇位,那么外戚的势力可能会进一步扩张,难保不出现第二个"诸吕之乱"。清除了诸吕势力后,功臣们经过商量之后,他们最终相中了宽厚仁慈、名声较好的代王刘恒。最终,高帝刘邦的第四子、惠帝刘盈的弟弟刘恒在大臣的拥立下继承了皇位,他就是著名的汉文帝。

元代《商山四皓图》(局部) 汉高祖宠爱戚夫人,曾着意立戚夫人的儿子为太子,吕后请出商山四皓为刘盈作保,最终保住了刘盈的太子之位

汉武大帝

汉朝建立近七十年，经历了文景之治的积累，经济发展，人民富庶，迎来了它的极盛时代。这样的时代必须有一位雄主与之相配，他就是汉武大帝。

刘彻生于景帝前元元年（前156），母亲是王氏。刘彻并非景帝长子，前面已经提到，因为太子刘荣被废，他才以胶东王被立为太子。前141年，景帝驾崩，十六岁的刘彻即位，是为汉武帝。

汉武帝在位五十五年，在位期间推行了多项政治、经济、文化和军事上的举措，我们选择其中非常重要的几项跟大家介绍。

政治改革

在政治上，他延续并加强了父亲削弱诸侯王的政策，采纳了主父偃提出的推恩令，"推恩"就是广施恩惠，让更多的人享受恩惠，推恩令就是分封诸侯王的儿子们为侯，使诸侯王的封地越来越小。此外，他还推行"左官法"和"附益法"，削弱诸侯国官员的级别，禁止诸侯王和官员们互相结交。

除了对诸侯王、列侯的打压，武帝还将全国划分为十三个监察区，设立刺史，用以巡察各地郡国官吏。"刺"就是刺探、监视不法，

"史"则是指皇帝派出的使者。刺史级别虽然不高,但是皇帝亲自派遣,有点类似于后代的钦差大臣,因此手中握有很大的权力。

通过这些举措,地方分裂势力被全面遏制,大一统的局面逐渐形成。而在中央朝廷,他也采取了集权的政策。汉朝建立以后,任用的丞相多是随刘邦打天下的功臣及其后代。到了武帝时期,功臣多已老死,后代又多无能。武帝趁机任命很多儒生来代替元老,改变了军功贵族做丞相的惯例。虽然权力已经过渡到儒生手里,但武帝依然心存不满。他强力打压甚至逼死丞相,导致朝中大臣不愿担任丞相之职。他便顺势设立中朝,任用自己亲近的人,取代了丞相所在的外朝的权力,使得丞相逐渐沦为吉祥物。

在官员的选拔上,武帝采取了多元化的方针。总结起来有以下几种方式:征辟、察举、任子等。征辟就是皇帝亲自征召选拔。察举则是从郡国中选拔各类优秀人才,诸如能通儒学的、品德高尚的、刚正不阿的、某项才能突出的,都可以入选。任子则是指高官子弟可以受到照顾担任官吏,或者有钱人可以为国家贡献财物来入选官吏。而

明代《三才图会》中的汉武帝像

除了这些常规用人方式外，武帝还不拘一格，任用了很多出身不高的人才。比如大将卫青原是奴隶，丞相公孙弘是贫苦平民出身，甚至一些非汉民族的人也照样能够受到重用，最典型的代表人物就是最后成为托孤重臣的匈奴俘虏金日䃅。

正因为此，武帝时人才济济，史家称赞："汉之得人，于此为盛！"有了这些人才，武帝在推行自己的政策上更加得心应手、游刃有余。

经济、文化发展

在经济上，武帝推行的政策主要有两点：改革货币和盐铁官营。武帝以前的货币制度比较混乱，有钱有势的人都可以私自铸钱，市场上通行各式各样的货币，中央无法统一财政。武帝下令，地方不得私自铸钱，只有中央设置的专门机构才能铸钱。他还多次改革币制，推行五铢钱，最终通用全国，并延续使用了好几百年。

盐、铁等资源原本也是各地自由开采，中央无法形成收益。武帝任用桑弘羊，将盐铁的开采、买卖权力收归中央，严禁私自开采贩卖，增加了中央财政收入，打击了不法商人。重要物资由政府专卖的政策一直延续到今天，这是汉武帝留给我们的重要遗产。

在文化上，武帝最重要的政策就是"罢黜百家，独尊儒术"。汉初尊崇的是黄帝和老子的无为思想，而武帝时，经学家董仲舒提出，应当把儒家学说作为正统思想。武帝接纳了这一主张，尊崇儒学，大力推行儒学教育，在首都长安举办太学，以儒家五经为主要教材。不过，武帝尊崇儒术，并没有全面限制其他各家的发展，只是提倡儒家与法家等杂家相结合，一起治理国家。

除了这些举措外，汉武帝最重要的政绩还是军事上的武功。

汉武大帝

军事征伐

此前我们曾经多次提到秦汉帝国北方的强敌——匈奴。从汉高祖刘邦晚年开始,对匈奴采取的政策就是和亲与怀柔,但这并未能阻止匈奴骑兵南下抄掠。武帝即位以后,为了彻底解决北部边患,一改前策,对匈奴发动了全面进攻,特别是其中的河南、河西、漠北三次大战,击败了匈奴主力,将匈奴骑兵赶出了漠北,基本解决了北部边疆的巨大威胁。

《帝鉴图说》中收录的「蒲轮征贤」即汉武帝事迹

在东方,他灭掉盘踞在朝鲜半岛北部的卫氏朝鲜,并在那里设置了乐浪、玄菟、真番、临屯四郡,进行管辖。

在南方,他灭掉了从秦末就开始割据岭南的南越国,并在南越设立南海等九郡。

在西南,他先后招降夜郎等国,接纳前来归附的西南夷,又臣服滇国,将领土扩展到今四川西部、云南等地。

经过数十年的征战,汉朝的疆域空前广阔,中国古代统一多民族国家的基本版图也得以奠定。关于民族与边疆问题,我们后面还会专门介绍,这里不再赘述。

不过,再伟大的英雄也不是万能的,汉武帝虽然雄才大略,但无法靠一人解决所有的问题,比如最为棘手的继承人问题,武帝就犯了大错。

巫蛊之祸

征和元年(前92),宫廷内外兴起了巫蛊事件。所谓巫蛊,程序比较复杂,花样繁多,为了便于理解,我们可以用最简单的方式描述就是"扎个小人诅咒你",制作一个木偶,上面写上仇家的姓名,然后拿针扎,再辅以巫术,对仇家进行诅咒,使对方陷入恍惚、生病甚至死亡。武帝晚年身体不好,疑心又重,对巫蛊之术最为反感,于是命宠臣江充到处追查卷入巫蛊术的人。

江充对太子刘据早有不满,于是趁机挟私报复,追查到皇后卫子夫宫中,企图陷害太子。此时武帝在甘泉宫养病,不在长安。刘据派人假冒使者,捕杀了江充。消息传来,武帝以为太子谋反,命丞相刘屈氂率兵平乱。刘据率手下士兵和长安市民与丞相军激战数日,兵败逃离长安。

太子刘据逃到湖县(今河南灵宝)躲藏起来,后被告发,被地方官捕杀。刘据之母皇后卫子夫已先在宫中自杀,刘据三子一女均因巫蛊之乱而遇害,唯有刘据之子刘进有一子刘病已尚在襁褓得以幸存。

后来,有官民上书武帝,为刘据申冤。经过调查,武帝发现当时刘据只是惶恐不安,并无谋反之意,遂幡然醒悟,下令将江充满门抄斩,并将杀害刘据的人一并诛杀。因为怜惜儿子无辜而死,武帝派人在湖县修建了一座宫殿,名叫"思子宫"。

巫蛊之祸使得武帝遭受了晚年丧子的沉重打击,他的身体、精神状态均大不如前。而国家经历连年的征战,难以支撑。两年之后,朝中主战派桑弘羊上书请求继续加大军事投入,对外扩张时,武帝下《轮台诏》否决了他的建议,表示不再出兵,与民休息。

后元二年(前87),当了五十五年皇帝的刘彻走到了生命的尽头,弥留之际,他立年幼的刘弗陵为太子,并留遗诏让霍光等四人辅佐幼主,而后驾崩于五柞宫,享年七十岁,谥号孝武皇帝,葬于茂陵。

汉武帝茂陵全景

苏武牧羊

汉武帝即位后,汉匈之间虽然战争不断,但双方也多次互派使节,既为了给彼此交流留下一个孔道,也是出于刺探对方情报的需要。但匈奴先后扣押郭吉、路充国等十多批汉使,汉朝也扣押匈奴使节以为报复。

到了武帝后期,匈奴在汉军的打击下,日渐衰落,在双方关系中处于劣势,便萌生了和谈的想法。天汉元年(前100),且鞮侯单于即位,害怕受到汉朝的新一轮攻击,于是宣称:"大汉天子是我的老丈人。"并释放汉使路充国等人回汉。武帝赞赏了这种做法,便派苏武作为中郎将持汉节送扣押在汉朝的匈奴使者回国,并趁机赏赐单于大量财物,表达善意。

苏武字子卿,是京兆杜陵(今陕西西安)人。他的父亲苏建曾经追随卫青出征匈奴,有功封侯。后来吃了败仗,被夺去了侯爵,死在了代郡太守的任上。苏武兄弟三人年轻的时候就凭借父亲的功勋和官职得为郎官。

苏武牧羊

拒降匈奴

这次接到武帝的任命之后,他便收拾行装,与副手张胜、部将常惠等人招募了一百多侦查人员一起出使匈奴。到地方之后,赠送了单于大量财物。单于却愈发骄纵,完全不像汉朝君臣设想的那般友好,便想回国复命。正待动身,匈奴国内的汉朝降将和宗室串通谋反,要杀单于,并且和副使张胜联络。张胜暗地里给他们资助,希望他们能杀掉卫律。卫律原先是汉人,后来投降匈奴,为单于出谋划策,对汉朝威胁很大。

傅抱石绘《苏武牧羊图》 原件现藏于故宫博物院

可惜,张胜的如意算盘尚未打成,匈奴内部的谋反就被镇压下去,单于让卫律彻查此案。张胜得到消息后,自知在劫难逃,不得不将此事告诉苏武,苏武感到十分无奈:"事已至此,我作为赴匈正使,必定是要负有领导责任的了。如果等匈奴人来抓我,必定受辱,有负国家重托。"于是便想自杀殉国。张胜、常惠赶紧制止了他。

第二天,单于果然得到消息,想杀汉使者,手下劝阻,说不如劝降。单于听从建议,便让卫律劝苏武等人投降。苏武对手下说道:"屈节投降,即便生还,有何颜面回到大汉?!"说罢拔出佩刀自刎。卫律没想到苏武如此刚烈,赶紧抱着苏武求医抢救。经过火疗,半天之后,苏武复苏。单于觉得他是条汉子,派人嘘寒问暖,只关押了张胜。

见苏武的伤势有所恢复,单于继续向他施压,想以张胜等人的性命要挟他,逼迫他认罪投降。苏武认为,副使参与谋反,他本人并不知晓,因此无罪。至于投降,更是绝无可能。威逼不行,便改利诱。卫律现身说法,以自己现在享受的荣华富贵劝苏武投降,苏武置之不理。

卫律知道无法胁迫苏武,回报单于。单于的兴致反而被勾起来了,一定要让苏武投降。于是把苏武放到大地窖里,不让他饮食。是时天降大雪,苏武把毡毛和着雪吞下肚,存活了好几天。匈奴人以为他是神,便把他流放到北海(今俄罗斯贝加尔湖)边牧羊,并宣称只有当公羊生下羊羔才放他回去。

北海牧羊

苏武到北海边后,无人供应粮食,他便挖野鼠、草根吃。白天手持汉节牧羊,晚上抱着汉节入睡。几年下来,汉节上的毛都脱落了。就这么过了五六年,单于的弟弟在北海边打猎,看到苏武会编

苏武牧羊

织渔网,校正弓弩,于是很器重他,便给他供应衣食。三年多以后,单于弟弟病死,临死前赐给苏武牲畜、衣服、帐篷等生活物资,之后,他的部众迁走。当年冬天,北方的丁零部落偷走了苏武的牛羊,苏武再次断了生计。

在苏武出使匈奴的第二年,李广的儿子李陵战败投降匈奴。李陵曾和苏武共事,单于便派李陵到北海边请苏武吃饭喝酒,席间李陵对苏武说:"单于听说我跟你关系不错,特地叫我来说服你。现在这种情况,你明显是回不去汉朝了,一个人待在这苦寒之地,

五代周文矩绘《苏李别意图》卷(局部)　原件现藏于台北故宫博物院

你的忠义又有谁能知晓呢?你哥哥、你弟弟都因为一点小罪,被皇帝责罚,自杀身亡。我来匈奴的时候,你母亲已经去世,你夫人也已经改嫁。你家中亲人就剩下一个妹妹,算起来到今天已经十来年了,生死未知。人生譬如朝露,转瞬即逝,何必自己为难自己!

我刚投降的时候也是像你一样,灵魂出窍,一想到自己成了叛臣,就觉得后悔痛苦,结果皇帝把我家人都抓起来了。你不想投降的心,难道比我还坚定?陛下年纪越来越大,脾气愈发古怪,经常随便杀人,你还给他效什么忠呢?不如投降吧。"

苏武回答说:"我父子兄弟本来就没什么功德,官爵都是陛下给的,肝脑涂地无以为报。君臣父子,何恨之有?你不要再说了!"

李陵跟苏武喝了几天酒,还想再劝他,苏武以死相逼。李陵见苏武心如磐石,仰天长叹:"这才是真义士啊!卫律我们犯下的是滔天大罪啊!"哭着与苏武告别。

回去之后,李陵让妻子送给苏武牛羊数十头。后来又到北海边,对苏武说:"听抓到的俘虏说,大汉臣民们都穿着孝服,说皇帝驾崩了。"苏武听到后,面朝南大哭吐血,每天凭吊,坚持数月。

重返长安

昭帝即位数年后,匈奴与汉和亲。汉廷索要苏武等人,匈奴诈称苏武已死。后来常惠偷偷见了汉使,告诉他苏武没死。有个方法可以救出苏武,就说皇帝在上林苑里游猎,射中天上的大雁,雁腿上系有帛书,上面说苏武还在荒湖里没死。汉使把这话跟单于说了,单于大惊,道歉并承认苏武确实还活着。

李陵摆酒为苏武庆贺,对他说:"现在你能回到大汉了,扬名匈奴,昭彰大汉,古书上记载的那些忠臣义士,都没法跟你比了。我家人被杀,无奈投降,已无处可归,咱们就此别过了。"说罢起舞,吟诗大哭,与苏武诀别。

单于召集尚在人间的苏武部下,合计九人,与苏武一并遣返。始元六年(前81)春,苏武回到长安。昭帝命他带一份祭品拜

苏武牧羊

谒武帝陵园,任命他为二千石高官,并赐钱二百万,田二百亩,房产一处。

苏武被扣留匈奴整整十九年,壮年出使匈奴,回乡时已须发尽白。苏武活到八十多岁,宣帝神爵二年(前60)去世。

苏武身处北国苦寒之地十九年,茹毛饮血,冻饿交加,面对匈奴君臣的劝降,他"富贵不能淫,威武不能屈",始终持汉节不改,保持着对大汉的忠诚。他崇高的爱国主义精神感染了一代又一代中国人,直至今天,依然值得我们称赞与学习。

汉代金饰牌,表现出鲜明的草原风格　文物现藏于陕西考古博物馆

张骞通西域

在讲汉匈和战的时候,我们提到过"西域"这个地方,它大概相当于今天的新疆和更西边的中亚地区。汉代以前知道西域的人并不多,去过的就更少了,而汉代以后的人对西域就相对熟悉得多了,这得益于一个人——张骞。

张骞字子文,汉中郡城固县(今陕西城固)人。汉武帝在位时,他在朝廷担任郎官,在任郎官的时候,他就体现出了心胸开阔、坚忍不拔且很讲信义的品质。

从汉高帝后期到文景之世六十多年的时间里,汉朝与匈奴之间保持着和亲关系,匈奴人不时侵犯,但整体无大的战事。武帝即位之后,决心改变对匈关系。这时,匈奴的降人透露,大月氏与匈奴有世仇,一直想要报仇,但实力不足,只得迁往西域,避开匈奴。武帝听说之后,便决定沟通西域,联合大月氏,夹击匈奴。

首次出使

胆识过人的张骞主动请缨,担负起了这个重要的任务。建元二年(前139),张骞率领随从一百多人,以匈奴人堂邑父为向导从长安出发,前往西域。当西行走到河西走廊时,不幸遇到匈奴的骑兵，一行人全部沦为俘虏。张骞等人被押送到匈奴王庭（在今内蒙古呼和浩特附近），见到了当时的军臣单于。

军臣单于得知张骞要出使大月氏后，虽然不知道张骞是要联合月氏夹攻匈奴，但他们无论如何也不允许敌国人通过本境去往另一个敌国。就这样，张骞一行被扣押软禁起来。

匈奴为了劝降张骞，对他各种威逼利诱，甚至还给张骞娶了匈奴女人，生了个儿子。但张骞并没有忘记自己的使节身份，始终保留着使节的象征——汉节，等待时机完成汉武帝交付他们的使命。这一等，就是十年。

岁月变迁，匈奴人对张骞的监视逐渐松弛。元光六年（前129），张骞趁匈奴人不备，和随从堂邑父逃出控制。大月氏已经继续向西迁。穿过沙漠，然后再翻越葱岭，直达大宛（今乌兹别克斯坦境内）。

清代《无双谱》中收录的张骞事迹

历经千辛万苦，马骞终于到达大月氏，见到了大月氏王，但已时过境迁。大月氏新的国土土壤肥沃，远离仇敌，人民安居乐业，大月氏人已再无复仇之意。张骞逗留大月氏一年多，始终未能说服对方。在此期间,张骞曾游历周边,到达南方的大夏,在那里看到了邛竹杖、蜀布等中国巴蜀地区的特产,当地人称这些来自身毒(即印度),张骞猜测,巴蜀地区必有道路前往身毒。

返回长安

元朔元年(前128),张骞在搜集了西域各国大量资料之后,踏上了回国之旅。为了避开匈奴势力,他绕道塔里木盆地南部、昆仑山北麓的南路,想通过羌人地区回到汉地。不料此时该地也已被匈奴控制,张骞等人再次被匈奴扣留。

一年多以后,匈奴发生内乱,张骞趁机和堂邑父逃回长安。从建元二年出发,到元朔三年归汉,张骞在外十三年,从出发时的一百多人,到回来时仅剩他和堂邑父两人。武帝封张骞为太中大夫,堂邑父为奉使君。

张骞这次出使,未能达到既定目标,却沟通了到西域的道路,使中国的影响远达葱岭以西。自此之后,中国同西域、中亚、西亚乃至欧洲的交往也日益密切起来,司马迁因此称之为"凿空"。

张骞回国之后,向武帝报告了自己的成果,对葱岭东西乃至中亚和西亚等地的物产、人口都作了说明。这个报告的内容基本收在司马迁所撰《史记·大宛列传》中。这是中国乃至世界上对于这些地区第一次翔实可靠的记载,是研究这些地区古地理、历史的珍贵资料。

在报告中,他特别提出寻找从蜀地通往身毒的道路,从而进一步打通中亚,这条道路可以避开匈奴的侵扰,武帝欣然答应,派他往蜀地做准备工作。元狩元年(前122),张骞派出四支队伍向西藏、云南地区进发,探索去身毒的道路。四路探索队前行上千里之

新疆白沙湖

后,受阻于西南地区的夷人,未能完成目标。不过,这也提醒了武帝西南地区的重要性,后来武帝果然派军平定了西南夷,在那里设置了郡县,进一步扩大了汉王朝的版图。

元朔六年(前123),张骞随大将军卫青攻打匈奴,凭借他丰富的地理知识和经验,他一路作为向导,提供了水源、牧草、道路等信息,保证了大军的供给和行进路线,为汉军的胜利立下大功,因此被封为博望侯。

二次出使

元狩四年(前119),武帝命张骞为中郎将。张骞率三百多名随从,携带大量财物、牛羊,第二次出使西域。此行主要有两个目的:一是联合乌孙,共击匈奴;二是劝说西域各国归附汉朝。

张骞平安抵达伊犁盆地的乌孙国,乌孙王昆莫欢迎张骞的来访,并收下了丰厚的礼物,但当时乌孙国已经分裂,而且乌孙人对汉朝并不了解,所以张骞并没有得到满意的答复。此后,张骞派遣副使,对乌孙周边地区大宛、康居、大月氏、安息、身毒、于阗等国进行外交活动。

元鼎二年(前115),张骞启程回国,并带着数十位来汉朝探路的乌孙国使者,以及数十匹乌孙良马。张骞被任命为大行,位列九卿。隔年张骞去世,汉武帝为了纪念他,将日后奉派往西域的使节都改称为博望侯。

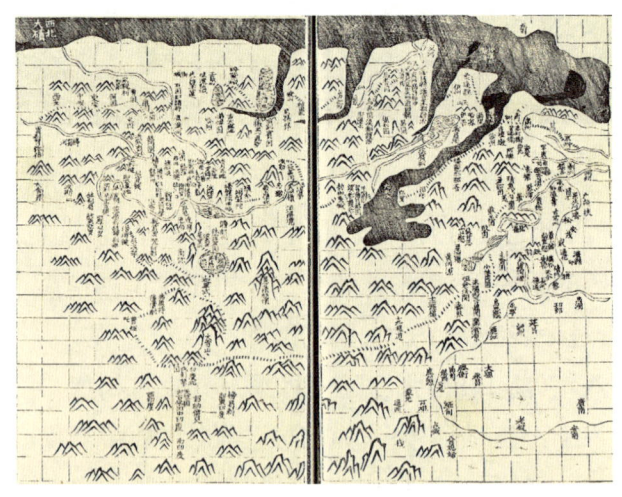

明代《广舆图》中的西域图

张骞两次出使西域,促进了中西经济文化交流。此后,汉朝和西域各国经常互派使者,各国商旅不绝于路。西方的葡萄、苜蓿、石榴、核桃等物品传入内地,丰富了中原人们的生活。中原的冶铁、穿井等技术和丝绸、瓷器等传到了西域,丝绸之路就此形成。张骞通西域的伟大贡献一直影响到今天,永远值得铭记和怀念。

二十七天的皇帝：刘贺

2011年3月，江西省南昌市新建区大塘坪乡观西村附近山上一座古墓被盗，当地文物部门立即对周边区域进行了考古调查和发掘。经过前期的勘探和发掘，已经确认这是一座汉代高等级墓葬。2015年11月，主椁室的发掘工作正式启动。在接下来的一个多月里，先后出土十余吨铜钱、大量黄金、玉器、简牍、有字漆器等器物。据统计该墓出土的黄金重量，超过目前所有汉墓出土的黄金总和。不仅如此，墓中出土的简牍上有《论语》等重要文献。那么墓主究竟是谁呢？为何这般"土豪"？

2015年12月23日，揭示墓主人确切身份的器物终于出土：一枚玉质印章，上刻"刘贺"二字。刘贺是谁？

刘髆谋立

我们曾经讲过，巫蛊之祸中，太子刘据身死，导致汉武帝晚年丧子。在生命的最后几年中，他在选择继承人时，排除了燕王刘旦和广陵王刘胥两个儿子，最终选择了少子刘弗陵。不过，在巫蛊之祸刚刚结束时，他其实还有另外一个选择，那就是五子昌邑王刘髆(bó)。

刘髆的母亲是武帝的宠妃李夫人，就是"北方有佳人，绝世而独立。一顾倾人城,再顾倾人国"的那位李夫人。李夫人的哥哥音乐家李延年写下了这首赞美妹妹的歌。武帝闻听此曲后,便纳其妹为妃。李夫人入宫后深受武帝宠爱,不久便生下刘髆。可惜红颜薄命,李夫人生下儿子后不久就病逝,死前拜托武帝善待自己的儿子和哥哥。

武帝答应了她的请求,任命他的哥哥李广利为贰师将军,攻打大宛。虽然损兵折将,战绩平庸,但武帝依然封他为海西侯。此后,李广利多次指挥与匈奴的战争,战果依然不佳。

南昌海昏侯墓出土的刘贺玉印

天汉四年(前97),武帝封刘髆为昌邑王。征和二年(前91),巫蛊之祸爆发,太子刘据身亡,李广利嗅到了发达的机会。第二年,他在率军征讨匈奴前,与儿女亲家、丞相刘屈氂暗中勾结,想要立自己的外甥昌邑王刘髆为太子。不料东窗事发,二人的密谋被武帝发现,武帝大怒,将刘屈氂全家正法,李广利的家人也被逮捕入狱。在前线的李广利听到这个消息后,投降了匈奴。

经此变故,刘髆再也不可能被立为太子了。不知是不是因为被舅舅一家被杀吓到,没过几年刘髆也病故,留下了一个年仅两三岁的儿子,他就是刘贺。

二十七天皇帝

汉昭帝刘弗陵即位以后,让刘贺继承了父亲刘髆昌邑王的王位,并让他去昌邑(今山东菏泽境内)就国。刘贺就国以后,行为很不正经,读书也不认真,经常和下人吃喝玩乐,还随意赏赐他们。如果按照这样的节奏,刘贺大概率会在昌邑国做一个享乐的地方诸侯王,度过此生。

不过,天上突然掉下了馅饼,砸在了刘贺的头上。元平元年(前74),昭帝卧病在床,刘贺并没有哀伤之情,而是照常骑马打猎,与下人寻欢作乐。四月十七日,昭帝病死,没有留下子嗣,辅政的霍光选中了昭帝的侄子刘贺作为皇位继承人。

六月初一,刘贺在未央宫接受了皇帝玉玺和绶带,作为昭帝的后代继承帝位,却并未拜谒高帝庙,尊昭帝的皇后、霍光的外孙女上官氏为皇太后。

当上皇帝以后,本就爱玩的刘贺如鱼得水。昭帝的灵柩还停在宫中时,他就私下吃肉,在灵柩前载歌载舞。昭帝下葬后,他更加与从昌邑国带来的随从官员们纵情享乐。接受皇帝玺印之后的二十七天中,他不断派出使者,向各个官署下达诏令,索要物品,不轨的行为一共有一千一百二十七起。

面对臣子的规劝,他毫不收敛,反而惩罚了这些官员。朝臣们担心再这样下去,刘贺将危害国家。于是霍光与群臣一起拜见上官太后,详细禀告了刘贺的不孝行为,将刘贺所带来的随从全部逮捕,然后让刘贺跪在上官太后面前听诏。

就这样,刘贺只当了二十七天皇帝便被废黜。回顾刘贺的皇帝生涯,他犯下了上千条罪行,这简直是不可想象的。我们不禁怀疑,一个不到二十岁的少年,会这般放飞自我吗?有学者推测,刘贺上位后重用从昌邑国带来的官员,让霍光感受到了危险,所以急忙网罗罪名,将其废黜。无论如何,刘贺再也不可能回到皇帝的位置上了。

海昏侯墓出土金饼

虽然刘贺已经被废,但他毕竟当过皇帝,仍不排除东山再起的可能,所以宣帝即位后,内心十分忌惮刘贺,于是密令山阳太守张

二十七天的皇帝：刘贺

敞监视刘贺的一举一动。从张敞给宣帝的汇报中可以得知，刘贺脸色很黑，小眼睛，尖鼻子，胡须很少，身材高大，有风湿病，行走不便，看上去呆呆的，像个白痴。虽然被软禁在家，但刘贺并没有停止享乐，关起门来娶了十六个女人，生了十一个儿子、十一个女儿。

不仅如此，张敞在奏报中还告诉宣帝，刘贺并无仁德之心，对待身边人十分冷淡，且胸无大志。宣帝终于放下心来，打消了对刘贺的忌惮。

海昏侯国

元康三年（前63），宣帝下诏封刘贺为海昏侯，食邑四千户，命他前往海昏（今江西建昌）就国，且今后不得祭祀祖宗，入京朝见。

"昌邑"铭文青铜豆形灯

刘贺到海昏之后,宣帝仍然让官员监视他的行为。有一天,扬州刺史向宣帝报告,刘贺跟人聊天,那人问刘贺:"以前您被废的时候,为什么不坚守皇宫,斩杀大将军霍光,就这样束手就擒,任凭别人夺去了您的天子印绶呢?"刘贺叹气道:"是哎,错过机会了。"那人又说:"看现在的情形,您应该过不了多久就会被封为豫章王。"刘贺说:"虽然不排除这个可能,但这话可不敢乱说。"宣帝听后下令削去刘贺三千户食邑。

神爵三年(前59),封侯四年的刘贺去世,走完了跌宕起伏的一生。如果不是近年他的墓被发掘,我们不会知道,虽然他晚年行动受限,始终处在严密监视之下,但他的物质生活依然极大丰富,堪称富可敌国。

刘贺死后,他的儿子刘充国继任海昏侯。充国死后,弟弟刘奉亲嗣位。不久,奉亲也去世。有官员趁机上书宣帝,认为这是天意,应该废除海昏侯国,宣帝同意了这个建议。

元帝即位后,重新封刘贺的另一个儿子刘代宗为海昏侯。代宗死后,儿子刘保世继承侯爵。王莽代汉之后,废除了海昏侯国。

故事还没有结束,光武帝刘秀复兴汉室后,找到了刘保世的儿子刘会邑,再次封为海昏侯。直到东汉中期,海昏侯国才彻底消失。

"史家之绝唱"

众所周知，中国是一个历史悠久的国家，更加难得的是，中国用文字记录历史的传统同样非常悠久。早在殷商时期，人们就在龟甲、牛骨上记录历史大事，事实上，在甲骨文出土之前，我们就对包括商代在内的秦汉以前的历史有不少了解，这得益于保存至今的一些文献记载，在这些文献记载中，最为详细也最为重要的，当属司马迁撰写的《史记》。

司马迁字子长，是夏阳（今陕西韩城，也有一说是龙门，今山西河津）人，他的先祖在周宣王时迁到秦国居住。到了秦惠文王时，司马错成为秦国大将，曾领兵攻下巴蜀，并在那里驻守多年。司马迁的祖父叫司马喜，家中富庶，当时汉文帝正施行用粮食换爵位的政策，司马喜便用四千石粮食换了九等爵位——五大夫，全家也因此得以免除徭役。

司马迁的父亲司马谈则在汉武帝时期被任命为太史令，掌管天文历法。他是当时著名的学者，曾写出《论六家要旨》一文，系统总结了从春秋至汉初间阴阳、儒、墨、法、名、道各家思想的利弊得失，并对道家思想进行了高度肯定。该文是对春秋战国以来的诸子百家思想的高度概括和凝练总结。

比起天文历法和学术总结，司马谈更大的志向是效法孔子写作《春秋》的精神，写一部体系完整的史书，可惜他只做了一些准备的工作，便病逝于洛阳，临死之前，把他的理想事业交给了儿子司马迁。

子承父业

汉景帝、武帝时期，司马迁生于龙门。受父亲的影响，司马迁从小习字读书，十岁时已经能背诵古文《尚书》《左传》《国语》等书。

青年时期，司马迁离开龙门，来到长安，受学于孔安国、董仲舒等大儒。见儿子学有小成，司马谈便让他去游历天下，增长见识，搜罗古事。于是二十岁时，司马迁从长安出发，足迹遍及中原、江淮、江南地区，曾到屈原投江处、会稽大禹穴、春申君宫室、孔孟故地、楚汉战场等地调查，并对所到之处的风俗、传说进行考察与采集。

元封元年（前110）春天，弥留之际的司马谈对司马迁说："我们的祖先是周朝的太史，再往前数的话，在舜禹时代就曾立下过赫赫之功。我继承祖业做了太史，可惜壮志未酬。现在主上正举行封禅大典，而我无法亲

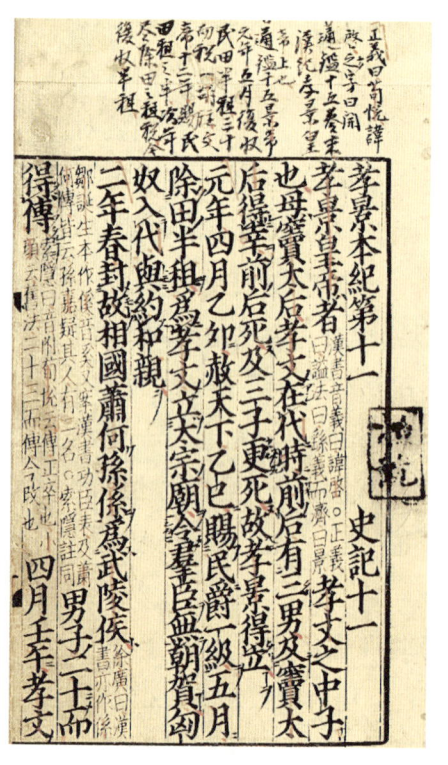

《史记·孝景本纪》书影

眼见证,这是毕生遗憾。我死之后,你要做太史,然后继续我的事业,完成我修史的愿望。"司马迁含着泪答应了父亲的嘱托。

三年之后,司马迁果然承袭父职,担任太史令。太初元年(前104),司马迁做了一件"本职工作"。此时,汉朝建立已过百年,在历法上一直沿用的是秦朝的"颛顼历"。司马迁与唐都、公孙卿等人共同制定了"太初历",该历法改变了秦代使用的颛顼历以十月为岁首的习惯,而改以正月为岁首,从而奠定了其后两千年来所尊奉的历法基础。之后司马迁便潜心修史,继承父亲遗志,开始了《史记》的写作。

谏言获罪

在《史记》还没有完成的时候,武帝曾翻阅《孝景本纪》和《今上本纪》,他认为司马迁的不少叙述是有意贬损自己,感到非常恼火,下令削去书简上的字,并把这些书简扔掉。由此可以看出,当时武帝对司马迁已经非常不满。

天汉二年(前99),武帝再次兴兵进攻匈奴,想让名将李广的儿子李陵为主帅,贰师将军李广利护送粮草辎重,保证后勤工作。李陵主动请缨,请求率领五千步兵直取单于王庭,武帝赞赏了他的勇气并答应了他。在进军途中,李陵突遭匈奴单于主力军队埋伏,李陵率军杀敌甚多,但援军迟迟不到,箭尽粮绝之后,李陵被迫降敌。

消息传来,武帝震怒,群臣皆声讨李陵之罪,认为李陵叛降,全家当诛。而在这时,身为太史令的司马迁却为李陵辩护。他认为李陵兵败投降是因为"矢尽道穷,救兵不至",而且李陵是希望先活下来再找机会回报汉朝。李陵虽然兵败,但他杀敌的数量远远超过自己部队的士兵,他的功劳足以名震天下。

此时,武帝派去接应李陵的公孙敖部队没有成功,公孙敖惧怕受罚,回来时谎报李陵为匈奴练兵,准备反击汉朝。武帝大怒,族灭了李陵全家。司马迁的那番表述不仅没有得到武帝的理解,反而被武帝认为是借李陵来诋毁主帅李广利,进而质疑自己选将的眼光,批评自己用人不当。再联想到此前读到的《史记》中贬损自己的地方,武帝盛怒之下将司马迁关进大牢,并以欺君罪判处死刑。

《历代帝王圣贤名臣大儒遗像》中的司马迁

当时的死刑有两种方式可以抵罪,一种是出五十万钱,可以减死一等。另一种是按照汉景帝时期颁布的法令,可以自请处以腐刑。司马迁为官清廉,并没有足够的金钱可以赎身。他本想一死了之,但考虑到自己尚未完成毕生理想,于是毅然选择以腐刑赎身死。

"史家之绝唱"

著《史记》

此后,司马迁忍辱负重,坚持写作,到征和二年(前91),终于完成《史记》全书,在成书时最初称作《太史公书》。该书以纪传体的形式记载了从上古传说的黄帝时代到汉武帝太初年间共三千多年的历史。全书共一百三十篇,五十二万六千五百余字,包括十二本纪、十表、八书、三十世家、七十列传。

本纪是全书的提纲,依照王朝的更替,按年月时间记述天下统治者的言行政绩。记载先秦时代的有五篇,依次是五帝、夏、殷、周、秦;记载秦汉时代的有七篇,依次是秦始皇、项羽、汉高祖刘邦(实际为汉高帝)、高后吕雉、文帝刘恒、景帝刘启和武帝刘彻。

表以表格的方式排列整理事件次序或历史动态,包括三代以来的人物世系表、王侯功臣年表等。

书的内容有关历代典章制度,涉及礼乐制度、天文律令、社会经济、河渠地理等方面的内容。

世家描述影响深远的家系、周代的诸侯国和汉代的王侯贵族事迹,起自吴太伯,终于武帝的三个儿子。

列传呈现的是历史上各类人物的历史表现与社会的种种样貌,不仅包括有名的文臣武将,还有五花八门的社会各界人物,如游侠、佞幸、滑稽(谐星小丑)、日者龟策(算命人)等。更为难能可贵的是,司马迁在记述历史的时候,眼光已经不仅仅局限于中原大地,他在列传中还记载了当时周边各民族、部落、国家的历史,比如匈奴、南越、东越、朝鲜、西南夷、大宛等。从这个意义上来说,司马迁的《史记》不啻一部世界史。

从史学的角度来看,《史记》不同于以往的史书,它的写作方式首开纪传体之先河:以描写人物的生平为主,年代先后为辅。自此以后,尚有《汉书》《三国志》《后汉书》等史著仿效该体,让纪传体成为唐代以后官方史著所采用的主流写作方式。

  与此同时,《史记》又是一部上佳的文学名著。它思想内容丰富,不虚美不隐恶,特别擅于叙事和描写人物,为了让每篇传记避免重复、具备统一审美价值和更加完整,遂创造了崭新的叙事手法——"互见法",即将一个重要人物的事迹透过不同地方分述,而以其本传为主;或将同一事件分述于不同地方,但以一个地方的叙述为主。

  需要注意的是,《史记》自司马迁去世之后就有十篇散佚,而后又有不同程度的缺漏,因此其中有些篇章是由后人增补的。

  正是由于《史记》在史学和文学上的双重贡献,后人对它赞不绝口,现代大文学家鲁迅将其誉为"史家之绝唱,无韵之离骚"。

陕西韩城司马迁墓祠

复兴汉室光武帝

新莽政权取代西汉以后,皇帝王莽展开了一系列改革,史称"王莽改制"。但这些改革措施多不切实际,而且王莽所用非人,再加上天灾不断,反而加重了人民负担,激化了社会矛盾,终于引发了全国范围的大暴动。

各路反莽军队经过几年的斗争,形成了绿林军和赤眉军两股大势力。公元23年,绿林军攻入长安,杀掉王莽,灭亡了新朝,而后在同赤眉军的争夺中失败,首领更始皇帝刘玄投降赤眉,惨遭杀害。赤眉军进入长安后,未能巩固胜利果实。最终,刘秀从各路反莽势力中脱颖而出,重新统一天下,恢复汉室基业。那么,刘秀究竟是何许人也,为什么能够完成兴复汉室的大业呢?

宛城起兵

刘秀字文叔,南阳蔡阳人。汉高帝刘邦的九世孙,汉景帝之子长沙定王刘发的后代,由于汉武帝推行的推恩政策,到了刘秀父亲刘钦这一代,他只是一个小小的县令了。

汉哀帝建平二年(前5),刘秀出生在陈留郡济阳县(今河南兰考)的县舍里,当晚红光满屋,刘钦很惊讶,找算命的来看,算命的说:"这是大吉兆,贵不可言。"当年济阳县内有小米长出,每根茎上结九个穗,比一般的小米要长得多,因此刘钦给儿子起名叫"秀"。

九岁的时候,刘秀因父亲去世,跟随叔父刘良生活。刘秀身高一米七五,眉毛胡须长得都很好看,大脑门、高鼻梁、大嘴唇,喜欢干农活。而他的哥哥刘縯喜欢结交朋友,行侠仗义,经常嘲笑刘秀没有出息,只会种地,就像高帝刘邦的大哥刘仲一样。

汉光武帝像

王莽称帝之后,刘秀曾经去长安学习过《尚书》,成绩不错。到了王莽后期,天灾不断,盗贼蜂起,南阳也遭遇了严重的灾害,百姓们纷纷起来暴动。刘秀去宛城卖米度日的时候,遇到熟人李通劝他起事,并且扬言社会上早有传言:"刘氏复起,李氏为辅。"刘秀开始时不敢答应,后来考虑到哥哥刘縯素来行侠仗义,这次肯定是要出头的,而且王莽不得人心,一定会失败,于是买了兵器,和李通兄弟在宛城起兵,这一年,刘秀二十八岁。

昆阳之战

年底,刘秀带兵回到家中,发现哥哥果然也已经起兵,于是合兵一处,向南阳郡治大城市宛城进发。在开始阶段,起义军实力很弱,兵马器械均十分紧缺,刘秀骑牛而战,杀了敌人才夺了马匹。在进军途中,义军屡遭败绩,刘秀的姐姐也被杀。经过几次战斗,终于攻到了宛城门口。

这个时候,刘秀的族兄刘玄的绿林军已经发展壮大,并且自立为更始皇帝,任命刘縯为大司徒,刘秀为偏将军,命他们继续进攻。接到命令后,刘縯继续包围宛城,刘秀则进攻周边城池,先后攻下了昆阳、定陵等地,缴获大量物资,支援宛城军队。

王莽得知义军复起,惊慌失措,赶忙派大司徒王寻、大司空王邑领四十二万大军杀来,企图一举消灭义军。王寻军中猛将如云,还有虎、豹、犀牛、大象等猛兽助阵,义军将士都被对方的阵仗吓到。刘秀带九千人马撤回昆阳(今河南叶县附近),众人惊恐万分,想要就地解散,放弃城池,向南撤退。刘秀认为,现在士兵粮草都不多,敌人十分强大,如果集中力量,拼死一战,还有成功的可能;如果就地解散,肯定被各个击破,一起完蛋。而且现在宛城还没有打下来,昆阳再失守,那义军就肯定要被团灭了。众人听了刘秀的话之后颇觉惊讶,因为平时他的胆子最小,今天面对强敌,竟然表现出了这么大的勇气,于是决定与刘秀并肩作战。

刘秀分析局势后,留大军守城,亲率十三骑兵趁夜突围求援。

四神瓦当之青龙

经过努力,刘秀带援军杀回昆阳。此时,昆阳城被围攻数月,已到了崩溃边缘。刘秀奋力突击,取得了几场小胜,而后告诉城中,说宛城的救兵到了,并故意把这个消息泄露给了敌军。王寻得到消息后,颇感不安。刘秀看准时机,亲率三千精兵,从城西水边直接冲击王寻的中军。敌军阵脚大乱,被义军击溃,王寻也被斩杀。城中守军乘机杀出,两面夹攻,厮杀声震天动地,王莽军大败,死伤数万。

昆阳之战以义军的大胜告终,刘秀在此战中准确分析了局势,发挥出己方优势,以不到万人的部队击败了对手四十余万兵马,创造了以少胜多、以弱胜强的奇迹,奠定了他在军事史上的地位。

正当刘秀顺利进兵之际,后方突然传来消息,更始皇帝刘玄忌惮刘縯兄弟的战功,将刘縯残忍杀害了。刘秀为了反莽大局,不得不忍辱负重,亲往宛城谢罪。在见到更始帝之后,他强忍悲痛,不敢为哥哥发丧,饮食谈笑与平时无异,使更始帝打消了杀他的念头,让他继续征战。

当王莽被绿林军诛杀之时,更始帝定都洛阳,命刘秀为先锋探路。刘秀的部队经过时,军仪严整,秋毫无犯,深得百姓爱戴。此时,刘秀深知,更始帝虽然暂时饶过了自己,但因为功高震主,久在

复兴汉室光武帝

身边,必遭毒手。于是申请去平定河北,得到了更始帝的同意。

复兴汉室

刘秀到河北后不久,王郎就在邯郸自称天子,重金求购刘秀的人头。刘秀陷入危机之中,幸得上谷、渔阳二郡的支持。尤其是这两郡的骑兵,战力雄厚。不久,刘秀在更始帝派来的谢躬和河北当地真定王刘杨的协助下,取得了南栾之战的胜利,攻破邯郸,击杀王郎。

四神瓦当之白虎

更始帝见刘秀日益壮大,内心非常不安,遣使封刘秀为萧王,并命他交出兵马。在部下的支持下,刘秀斩杀谢躬,公开与更始帝决裂。

经过一段时间的发展,刘秀兵强马壮。公元25年,在众将拥戴下,于河北鄗城(今河北邢台境内)的千秋亭称帝,建元建武。为表示兴复汉室的决心,仍沿用"汉"国号,史称"东汉"或"后汉"。

当年十月,刘秀定都洛阳。此时的长安正陷入混乱之中,更始帝所在的绿林军与赤眉军大战数次,均告惨败,最终投降赤眉,并被杀害。赤眉军虽胜,却遭遇粮食危机,被割据陇右的隗嚣击败。刘秀趁机击败赤眉,进占长安。

在接下来的几年中,刘秀先后击败了东方的梁王刘永、淮南李宪等人,统一了中原地区,与盘踞西北陇右地区的隗嚣和西南巴蜀地区的公孙述形成了鼎足之势。此后又经过近十年的战争,刘秀终于扫平陇右和巴蜀。到建武十二年(36),刘秀登基后用了十二年的时间终于平定天下,结束了自新莽末年开始的群雄割据的分裂局面,完成了复兴汉室的伟大事业。

光武中兴

虽然重新统一天下,但是自西汉末年以来的动荡给百姓带来了深重的灾难。面对这样的现实,刘秀以"柔道"治天下,采取了轻徭薄赋、休养生息的政策,大量释放奴隶、刑徒,抑制豪强势力,丈量全国土地,减轻农民负担。经过二十年的恢复发展,到刘秀晚年,全国人口恢复到了两千多万,较新莽末年增长了一倍,历史上将其统治的时期称为"光武中兴"。

不过,刘秀的统治并非一帆风顺,毫无波澜,他在位的三十多年里,中央与地方都曾发生过骚动。地方上的动荡源头是豪强们。刘秀想丈量全国土地,将土地和人口尽可能地控制在政府手中,这就是"度田",这触犯了地方豪强的利益,他们千方百计阻挠政令,对抗朝廷。最终,刘秀虽然将其压制下去,但也不得不与之妥协,牺牲了政府和农民的不少利益。

与地方上相比,中央的动荡显得不大,但影响更加深远,那就是我们曾经谈到过的继承人问题。关于此事的细节,我想留到下一节再讲。

中元二年(57)二月,刘秀在洛阳南宫前殿驾崩,享年六十二岁,在位三十三年,谥号光武皇帝,庙号世祖,葬于原陵。

东汉政治之外戚当政

西汉王朝最终被王莽建立的新朝取代,而王莽本是汉元帝皇后王政君的侄子,因此从某种意义上来说,西汉是亡于外戚之手。

有鉴于此,复兴汉室的光武帝刘秀对外戚势力非常警觉。他的皇后原本是河北大族郭氏成员,后来被他废黜。虽然废后有他个人的好恶原因,但更为深层次的原因是皇后家族势力强大,将来太子即位后,朝局容易受外戚控制。而新皇后所在的南阳阴氏家族,虽然也是当地的大族,但并没有左右朝局的力量。

光武帝驾崩后,即位的明帝刘庄延续了父亲抑制外戚的政策,其皇后为扶风马氏,名将马援之女。明帝之时,外戚主要有四家:樊氏(光武帝母亲所在家族)、郭氏、阴氏、马氏,他们都是只享受待遇,基本不参与到国政当中。值得一提的是,皇后所在的马氏,因为马皇后本人的谦恭明理,马氏的兄弟都没有被封侯。

明帝驾崩后,即位的章帝刘炟虽不是马氏亲生,但由马氏抚养长大,视其为嫡母,尊其为马太后。章帝有意加封舅舅列侯,被马太后拒绝。直到马太后死后,马氏兄弟才被章帝封为列侯,并委以重任,也正是从此时起,外戚又一次走进核心权力层。

窦氏专政

章帝的皇后是窦氏,此外还有贵人梁氏、宋氏等。章帝为政宽和,对待官员、外戚、百姓都比较宽容。他死时只有三十一岁,即位的和帝刘肇只有十岁,无法亲政。和帝生母是梁氏,但他早就过继给皇后窦氏,因此当和帝即位后,临朝称制、垂帘听政的是他的养母窦太后,自东汉初年确立的外戚不可干政的原则,至此被彻底打破。

明代《三才图会》中的汉章帝像

窦太后本人并无政治才能,只得依赖兄弟。称制后她把哥哥窦宪提为侍中,掌管朝廷机密;弟弟窦笃统领皇帝的侍卫;其余诸弟也都担任要职,窦氏兄弟完全控制了朝廷中枢。

因皇帝年幼,如果窦太后、窦氏兄弟能合理合法地治理国家,使朝政正常运转,倒也无可厚非。但与之相反,窦氏当政时党同伐异,"顺我者昌,逆我者亡",朝政混乱。

随着和帝年岁渐长,他对现状愈发不满。而窦宪等人也感受到了危险,为了进一步巩固自身权力,堵住臣民的议论之口,他率大军征讨匈奴,获得胜利。正当窦氏家族的权势达到鼎盛之时,十四岁的和帝联合哥哥清河王刘庆、宦官郑众突然发难,将窦氏及其党羽一网打尽。至此,东汉历史上的第一次外戚专政结束。

和帝亲政后,勤于政事,治国有方,朝廷掌握的户籍人口超过五千万,为东汉之最,东汉国力至此达到鼎盛。

邓太后听政

可惜好景不长,公元105年,二十七岁的和帝英年早逝。因为去世突然,和帝生前并没有来得及立太子。按照长幼顺序的话,即位的应该是他的长子刘胜。但刘胜自幼得怪病,多年不愈,和帝皇后邓氏认为他不适合做皇帝,于是立和帝的幼子、出生才百余日的刘隆为帝。封刘胜为平原王,而邓氏自己则以太后的身份临朝听政。这是东汉历史上第二次太后听政。

正当邓太后想要大展拳脚之际,即位才二百多天的小皇帝突然驾崩,年仅两岁,因为早夭,故上谥号为孝殇皇帝,汉殇帝也是中国历史上寿命最短的皇帝。

继承人的问题重新摆在邓太后面前。经过与哥哥的密谋,她决定迎立清河孝王刘庆的儿子刘祜。于是十三岁的刘祜入宫即位,是为安帝,而政务大权依然掌握在邓太后和哥哥手中。对于这种局面,不少官员表示不满,想要发动政变,废黜邓太后和安帝,另立平原王刘胜为帝。消息不慎走漏,邓太后先发制人,镇压了暴动。

到了建元元年(121),邓太后去世,安帝终于亲政。安帝早对邓氏专权不满,趁机联合宦官清算了邓氏家族。

安帝虽然清除了外戚邓氏的势力,却宠爱自己的皇后阎氏,甚至听信她的谗言,废黜了自己的太子也是独子刘保,这一做法为外戚又一次秉政埋下了祸根。延光四年(125),安帝南下祭祀之际染病驾崩,年仅三十二岁。阎太后为了把持国政,在其兄阎显的支持下,竟然迎立与安帝血缘关系遥远的族弟、幼儿刘懿为帝。可惜人算不如天算,刘懿在位两百天就病死。当阎太后又想重立新帝之际,宦官孙程等人合谋诛杀了阎显兄弟,驱逐了阎太后,并迎立安帝的儿子十一岁的刘保为帝,是为顺帝。

东汉西王母神瑞叠胜形玉屏座出土于中山穆王墓,文物现藏于定州博物馆

梁太后临朝

顺帝为人温和,但十分软弱,加上年纪幼小,皇位是靠宦官得来,于是干脆把国政交给宦官打理。成年之后,顺帝对政事也并不感兴趣。而宦官趁机与顺帝皇后梁氏所在的家族勾结,东汉政治愈加败坏,百姓生活陷入困苦之中。

建康元年(144),顺帝突然驾崩,年仅三十岁。年仅两岁的太子刘炳即位,是为冲帝。梁太后临朝听政,这是东汉历史上第四次太后临朝。

梁太后当政时,任命哥哥梁冀为大将军。梁冀飞扬跋扈,朝政

东汉政治之外戚当政

腐败。第二年,冲帝因病早夭,年仅三岁。梁太后与梁冀立章帝的玄孙八岁的刘缵为帝,是为质帝,大权依然掌握在外戚梁氏手中。

质帝刘缵虽然年幼,但也看出梁冀的野心,在朝堂上指责他为"跋扈将军"。梁冀大怒,怀恨在心,深感质帝虽然年幼,但聪慧早熟,他日必难控制,于是将质帝毒死。

毒死质帝后,梁冀又立章帝的曾孙十五岁的刘志为帝,是为桓帝。梁太后继续听政,梁冀继续当权。

延熹二年(159),二十八岁的桓帝刘志依靠宦官单超等人诛杀大将军梁冀,清除其党羽。桓帝亲政后,立即封有功的五个宦官为列侯,纵容他们乱政,自己则大肆享乐。

东汉末的太后临朝

永康元年(167),被酒色掏空身体的桓帝驾崩,时年三十六岁,无子。于是皇太后窦氏成为东汉第五位临朝听政的太后。窦氏与父亲窦武商量后,立章帝的曾孙十二岁的刘宏为帝,是为灵帝。灵帝年幼,大将军窦武当政,他有意铲除宦官势力,不料反被宦官杀死,窦太后也被赶走。

多年的政治斗争给东汉王朝带来了极大的动荡,灵帝刘宏亲政后,并没有励精图治的决心,反而沉迷享乐。到了光和七年(184),终于爆发了遍及全国的黄巾起义。灵帝这才从享乐中缓过神来,准备平乱,但是没几年,他就因病去世,年仅三十三岁,其长子刘辩即位。

刘辩是灵帝与何皇后的儿子,此时年仅十四岁,母亲何太后遂临朝听政,东汉王朝的大权再次掌握在外戚手中。何太后和哥哥大将军何进当政,但不久何进就被十常侍为首的宦官诛杀,首都洛阳陷入混乱。此时,奉何进之令进京勤王的边疆大将董卓率军赶来,掌握了大权,之后废掉了刘辩,改立他的弟弟刘协为帝。东汉历史上的第六次太后临朝就此告终,而东汉王朝也走到了灭亡的边缘。

回顾东汉的历史,从和帝幼年即位开始,先后有窦、邓、阎、梁、窦、何六位太后临朝听政,几乎超过整个王朝的一半时间,这在中国历史上是罕见的。外戚当政的主要原因是皇帝寿命不长,导致幼主即位。而幼主长大之后,必然要夺回权力,由于长在深宫,可以依赖的只有身边的宦官,这又导致了东汉政治上的另一大问题——宦官专权。

《三国志通俗演义》中收录的"董卓议立陈留王",陈留王即刘协

东汉政治之宦官专权

上一节我们回顾了东汉中期以后的政治演进,皇帝多壮年去世,小皇帝幼年即位甚至是从外藩入主,因而先后六位太后临朝听政,这就是《后汉书》作者范晔所说的"皇统屡绝,权归女主,外立者四帝,临朝者六后"。

太后虽临朝听政,但终归是一介女流,参与宫外政事多有不便,不得不仰仗娘家兄弟,这就不可避免地导致了外戚当政。小皇帝长大以后,对这种局面多怀不满之心,只得依靠身边的宦官抢班夺权。本节我们就来讲述东汉政治中的宦官专权。东汉政治演进的整体脉络,上一节已经叙述完毕,因此本节不再全面回顾,而是选取东汉历史上几段宦官专权严重的时期进行讲述。

和帝除窦氏

汉和帝刘肇即位时年仅十岁,嫡母窦太后临朝听政,此后窦宪为首的窦氏家族当政数年。和帝年岁渐长,对这种现状极为不满,但他无法与外臣接触,身边只有宦官可以利用。经过长期的观察,他发现中常侍宦官郑众心思缜密,忠于自己,不与窦氏合流。当时,能够进入宫中的只有哥哥清河王刘庆,他便让刘庆向人借阅

《汉书·外戚传》，想查看西汉时期皇帝诛杀舅舅夺权的历史。

永元四年（92），和帝按照郑众的建议，召窦宪回京。此时刚刚击败匈奴，立下大功的窦宪自以为回京定能获得封赏，毫无防备地回到京城。天色已晚，和帝传旨命他第二天入朝觐见。当晚，郑众奉和帝之命，联合司徒丁鸿关闭城门，接着调动禁军分头捉拿窦氏党羽。一夜之间窦氏党羽全部下狱，窦氏兄弟也被收回印绶，勒令离京。在离京的路上，和帝又命人勒令他们自杀，彻底除掉了窦氏家族。

宦官专权

和帝与郑众计破窦氏，是宦官在东汉政治舞台上的首次亮相。不过，和帝当时正值壮年，铲除外戚势力之后，便开始亲政，只是给了郑众较高的礼遇，封他为乡侯，并未让他参与政事。

安帝灭邓氏

同样的故事还发生在汉安帝时期。安帝即位时刚满十三岁，听政的是邓太后。建光元年（121），邓太后去世，安帝亲政。与窦氏不同，邓太后当政时，兄弟虽然也身居高位，但相对克己守法，并不像窦宪那样猖狂。所以安帝一直忍到邓太后去世才对邓氏兄弟动手,他利用的是乳母和宦官李闰、江京等人。因为已经大权在握,所以他先指使江京等人诬告邓氏兄弟谋反,然后直接予以处罚。过程相对简单,没有惊心动魄的斗争。经过这次斗争,江京、李闰都被封为乡侯,宦官再次压过外戚,占据上风。

与上一次的郑众相比,新得势的这些宦官要嚣张跋扈得多,他们到处作威作福,横行乡里,引发了官僚集团的不满。太尉杨震为首的朝臣多次上书请求安帝约束宦官,都被置之不理,最终杨震被迫自杀。宦官不仅击败了外戚,还一度战胜了官僚集团。

安帝突然驾崩时,阎太后与哥哥阎显密谋迎立了小皇帝刘懿,外戚再次得势。不过,他们并没有与宦官敌对,而是选择了与宦官江京等人合作,企图共掌朝政。可惜刘懿只做了几个月皇帝便病死,这时其他宦官孙程等十九人合力斩杀江京等人,迎立顺帝刘保即位,并驱逐了阎氏兄弟。

孙程等人因拥立顺帝有功,全部被封侯。而顺帝本人性格软弱,于是朝政尽归宦官之手。后来,他们又与皇后梁氏的兄弟勾结,开始了长达二十多年的梁氏专权。在这二十余年中,宦官、外戚互相勾结,弄权专横,东汉政治变得异常黑暗,国力急速衰落。

倚重宦官

外戚梁氏的专权一直持续到桓帝时期,桓帝在位的前十三年,全部由梁太后临朝称制,朝政则由梁冀把持。虽然梁太后去世前曾归政于桓帝,要他亲政,但跋扈将军梁冀并没有让权的意思。不仅如此,梁氏一门七人封侯,出了两位大将军,占尽要职。桓帝因是梁冀所立,所以对他一直非常恭敬,对梁冀的暴行也充耳不闻,

东汉玉樽 文物现藏于湖南博物院

打算就这么相安无事下去。但是,梁冀后来将手伸到了后宫,想要诛杀桓帝宠爱之人的母亲,桓帝终于坐不住了。

桓帝观察良久,觉得宦官唐衡值得信任。但因为身边布满梁冀的耳目,他久久找不到与唐衡接触的机会。直到有一天,他在厕所里问唐衡:"你知道我们身边有哪些人与梁冀不和吗?"这话问得十分巧妙,并没有暴露自己的真实想法,而是处在两可之间。结果唐衡果然忠于他,当即回答:"中常侍单超、徐璜、具瑗、左悺,私下里都对梁冀很不满。"桓帝于是约了他们中的几人在密室商量对策,最终与五人歃血为盟,定下灭梁大计。

五人以桓帝的名义找到掌管京城及其周边军队的张彪,将军队调给单超亲自指挥,然后包围梁府。梁冀虽然权倾朝野,但他杀人如麻,党同伐异,得罪的人太多,真到了危难之际,并没有人帮他,反而大多倒向宦官。于是单超很快就攻下梁府,收缴梁冀的官印。梁冀夫妻自知罪孽深重,必死无疑,于是自杀身亡。梁氏宗族、亲戚数十人都被处决,党羽也都被罢免。

夺权成功后,五宦官立下大功,同日被封为列侯,世称"五侯"。其中的首领单超还被任命为车骑将军,位同三公。他们依仗桓帝,滥行淫威,使得"中外服从,上下屏气"。

后来,因为五侯过于专横,不仅正直官员反对,连桓帝也不禁担忧,于是罢免了他们。但桓帝只是担心自己的权力受到威胁,并无意肃清政治,所以虽然暂时敲打了他们,但依然宠幸之,而且还扶植新的宦官当政,例如中常侍侯览等人。为什么桓帝如此信任宦官呢?

除了夺权之功外,在清除梁冀之后,桓帝处理了一大批亲附梁

四神瓦当之朱雀

冀的官员,而处理完毕之后,他突然发现,朝中竟然没有几个可以使用的官员了,从此他便对士人出身的官员产生了极度的不信任。这也导致后来当读书的官员们与宦官发生冲突时,他毫不犹豫地站在了宦官一边,对士大夫进行了严厉打击,兴起了第一次党锢之祸。

桓帝死后没有留下子嗣,于是皇后窦氏临朝,她与父亲窦武拥立了灵帝刘宏,外戚再度得势。窦武虽是外戚,但为人正直,他与士人出身的太尉陈蕃合谋,先是赦免了第一次党锢之祸中遭受处罚的士人,然后密谋铲除宦官。不料消息提前走漏,宦官曹节等人联合起来,蒙骗年幼的灵帝,劫持窦太后,先杀掉了陈蕃及太学生数十人,而后困杀窦武,随后诛杀、软禁上千人,并发动了第二次党锢之祸。宦官集团再一次掌握了大权。

东汉政治之宦官专权

四神瓦当之玄武

到了这个时候,宦官已经完全控制朝政,变得愈发肆无忌惮。他们对上欺瞒灵帝,对下打压士人、剥削百姓。昏庸的灵帝完全不知时局,还对宦官们感恩戴德,重用身边张让、赵忠等宦官。更为夸张的是,灵帝还公然无耻地宣称:"张常侍是我爹,赵常侍是我娘。"皇帝与宦官合作祸害朝政,导致民不聊生,终于引发了大规模的黄巾起义。

和帝终结宦官当权

见势不妙的灵帝赦免了被禁锢的士人,让他们出来平叛,但还没等到叛乱平定,他就一病不起,呜呼哀哉。

即位的少帝刘辩年纪不大,由母亲何太后临朝听政。何太后任命哥哥何进为大将军,试图掌握朝政。何进先诛杀了宦官蹇硕,后想进一步杀掉所有的宦官,便召董卓带兵入京助他一臂之力。

可是，还没有等到他动手，张让、段圭等宦官便抢先下手，在宫中将何进杀死。而后宦官们惧怕被杀，裹挟何太后、少帝刘辩、陈留王刘协等人逃出洛阳。

京城陷入大乱之际，董卓带兵杀来。他将宦官全部诛杀，独揽朝政。后来又废掉了少帝刘辩，改立陈留王刘协。

至此，从汉和帝时开始登上舞台的宦官政治宣告结束，而东汉王朝也已经到了灭亡的前夜，可以说外戚与宦官交替掌控了东汉中后期的朝局。

我们知道，中国历史上宦官专权最为严重的是东汉、唐和明三个时代，这其中唐代的情况最为严重，杀皇帝、废立皇帝是常事，而明代相对较轻，宦官只是皇权的工具。介于二者之间的东汉一朝，宦官专权有其独特原因，那就是皇帝年纪太小，从和帝开始，皇帝要么幼年即位，要么盛年驾崩，外戚和宦官便有了专权的土壤，这一点与掌握兵权的唐代宦官和充当皇权代理人的明代宦官有很大区别。

于是我们不禁要问，东汉时代，原本应该成为政治主角的士人官僚集团到哪里去了呢？他们为什么不能反抗外戚和宦官的专权呢？这个问题我们下一节再讲。

万里长城

中国北方自古便生活着很多人群,他们多以游牧为主要生活方式,受自然环境的影响,为了满足生活需要,常常需要向外劫掠。为了抵抗他们的劫掠,中原地区开始在边疆修筑长城,这一做法始于春秋战国时代。

万里长城

《诗经·小雅·出车》里记载:"天子命我,城彼朔方。"意思是周天子命令我在朔方这个地方筑城,当时筑城的用意主要是防御北方的胡人,以及诸侯之间互相防御,不过,这还不是长城。中国历史上明确有记载修建的最早的长城是齐长城。齐长城在今山东境内,全长五百余公里。

由于诸侯林立,各国的领土都有限,一般小国的长城只有几百里,大诸侯国的长城也不过三四千里。例如赵国曾经先后在漳河一带修筑了"赵南长城",在今河北、内蒙古交界的地方修筑了"赵北长城";齐国在山东南部修筑长城防备楚国;秦灭义渠之后,也在陇西、北地、上郡一带修筑了长城,防备胡人;燕国在河北、辽宁修筑了长城。总之,到了战国时期,诸侯国之间,以及诸侯国防备非华夏部落时，都会修筑长城。

公元前221年，秦始皇灭六国。前215年，秦始皇派大将蒙恬率领三十万人进攻匈奴，占据河套地区，并将秦、赵、燕等国修筑的旧城墙连接起来，西起临洮，东至辽东，绵延万里，自此才有了"万里长城"的称呼。与此同时，因为中原地区归属于同一个统一王朝之下，长城不再有防备内部敌人的意义，原先诸侯国间用于互相防御的城墙被拆毁。

历代修长城

秦长城可以大致分为西段和北段。西段起于今甘肃省岷县，沿着洮河北到临洮县，经定西县向东北至宁夏固原、陕西靖边和神木，然后再向北折往内蒙古托克托南，到黄河南岸。北段即黄河以

玉门关遗址

北的长城,沿狼山向东至大青山北麓,再向东经内蒙古集宁至河北尚义,再向东北经河北张北,向东经抚顺、本溪后向东南,到朝鲜清川江入海处。今天临洮附近,阴山、大青山一线,仍残存秦长城遗迹。

秦长城修筑之后,对于抵御匈奴人的骚扰,保障中原生产生活的安定和开垦北方的土地,起到了重要作用。为了修筑长城,秦始皇动用了超过三十万劳工,创造了人类建筑史上的奇迹。因为持续时间长、用工多、劳动繁重,修筑长城也给当时的人民带来了极大的痛苦,留下了杞梁妻和孟姜女的民间传说。

西汉继续对长城进行修补,以抵御北方匈奴人的侵袭。汉文帝到汉宣帝的几十年中,先后修成了一条西起大宛贰师城、东至朝鲜平壤南部大同江入海口,全长近一万公里的长城。汉长城是历史上最长的长城。随着吉林通化境内新近发现十一处秦汉长城遗址,秦汉长城的东北界进一步北扩。

此后的北朝、隋都曾不断对长城进行修补。而唐代灭掉了突厥,且军事力量十分强大,因此几乎没有修长城的记载。五代时期,后晋将燕云十六州割给了辽朝,使得中原王朝的边境线向南退缩,因而北宋也没有机会修长城。不过,值得注意的是,辽金两代都曾修筑过长城,辽朝为了防御高丽、女真;金朝则为防御蒙古。元朝起于蒙古高原,占据着广阔的内亚地区,没有必要修筑长城,只是在长城上多开了一些关口,以作通商贸易之用。

到了明朝,从明太祖朱元璋到明神宗朱翊钧,经过先后二十次大规模修筑,建成了一条西起甘肃嘉峪关,东至辽东虎山,全长八千八百多公里的长城,今天我们能够看到的大部分长城都是明长城。不过，明朝对长城以北的领土统治并不稳定，在明成祖朱棣迁都北京后，又沿着太行山在山西、河北一段加建了一道内长城。

清朝在入关前就已经征服了蒙古，入关后仍保持着对蒙古的有效统治，因此并没有修筑长城。

讲完了中国古代各个朝代修筑长城的情况，我们再来看看长城的构筑方法和防御体系。

构筑方法和防御体系

整体而言，长城的构筑原则是"因地形，据险制塞"。"因地形"是指根据地形条件而构筑工程；"据险制塞"主要是指利用地理天险御敌，这样有利于防守，也可以节省建筑材料。

汉长城遗址

如上所述，从春秋到明代，长城断断续续修筑了两千多年。因为各个时代的生产力不同，历代长城的修筑方法和样式上会有差异。本书所讲的秦汉时代，长城的修筑以版筑夯土为主。后代逐渐出现了包砖、包石，甚至直接砌砖石的方法。

虽然长城绵延万里，但它从来不是一道孤立的城墙，而是由大量建筑组成的严密防御体系。这个体系主要包括关隘、城墙楼台、烽燧三个部分。

在出入长城的咽喉要道上，通常都设有关隘，一般建在狭窄的通道上，如两山之间的窄处、山水之间的狭长走廊、河流的交汇处等。今天最著名的关隘是山海关和嘉峪关，不过它们都是明代建成的。秦汉时期，长城上的重要关隘是阳关、玉门关、萧关等。

烽燧（也称烽火台）是长城体系中的情报传递系统，在高台上点燃烟火，古老但行之有效。当有外敌入侵时，白天或雨天放烟，叫作"烽"；夜间点火，叫作"燧"，台台相连，传递信息。从时间上来看，烽火台的修建早于长城，但长城出现后，二者便密切结合，一起构成了长城防御体系。

烽燧在汉代的作用尤其重要，根据出土汉代简牍的记载，每个烽燧里都至少驻守三名士兵，设燧长一名。几个烽燧连在一起，设侯长一名，侯长上有侯官，侯官基本相当于县。出土大量汉简的甘肃居延，在汉代就是居延侯官。

长城体系除了作为情报传递系统的烽燧以外，还建立了以城障等设施构成的纵深防御配置。秦汉时期，在城墙、城堡的外侧，还有特意设置的障碍物，如僵落、虎落等。秦朝还在河套长城一带广植榆树以阻挡匈奴骑兵，人称榆关。

万里长城是农耕民族的防御前线,也是向游牧民族发动反击的前进基地。长城背后还配有机动部队,以加强纵深防御。这些构成了一整套的防御体系,确实有效地抵御了北方民族的侵扰,这是它的军事意义所在。

而除了军事意义外,长城还是中国古代建造的最为宏大的工程之一,它凝聚了中国劳动人民的智慧和汗水。直到近代,中国人仍以长城作为中国的象征。在中华人民共和国国歌《义勇军进行曲》中,有"不愿做奴隶的人们,把我们的血肉筑成我们新的长城"的歌词,号召人们在国家最危急的时刻,抵御入侵。

当然,对长城的负面评价自古就有,人们认为它劳民伤财,又是消极防御、闭关锁国的象征,这些也都是事实。但无论如何,万里长城都是中国的伟大文化遗产,1987年,联合国教科文组织又将其列入世界文化遗产,它已经成为整个人类智慧和精神的象征。

汉长城烽燧

蔡伦造纸

造纸术被李约瑟誉为中国古代的四大发明之一，而在纸尚未问世之前，古代中国的文字有许多不同的载体，主要有以下几种：

甲骨。它主要指龟甲与兽骨（多为牛肩胛骨，面积较大），主要应用于商代，作为占卜之用。

金属。应用最多的金属是青铜，即铜与锡的合金，流传于先秦时期。当时文字多铭刻于钟、鼎等典礼仪式用品，故称为金文或钟鼎文。

石头。以石头为载体的文献包括碑、摩崖等，从秦朝到现代都有应用。

竹、木。将竹或木头劈成长而窄的竹片或木片，称为竹简或木简，可用来记录文字，广泛应用于先秦至三国两晋时期。此外，还有以宽木板作为书写载体的，称为牍。

帛。作为一种高贵的丝织品，帛由蚕丝制成，质轻、柔软而坚韧，是很理想的书写用品。但是它产量少、价钱昂贵，一般人用不起。

这些文字载体，或者造价昂贵，或者携带不便，给人们的日常书写带来了不少麻烦,也限制了知识的普及和传播。到了汉代,一种新的书写工具出现了。

最早的纸

1957年,西安市东郊的灞桥出土了公元前2世纪的古纸,世称"灞桥纸"。经过鉴定,该纸是以大麻和少量苎麻的纤维为原料制成的,平整而又柔软,呈薄片状。灞桥纸一度被视为中国古代最早的纸。

1986年,甘肃天水放马滩再次发现了西汉初期的古纸,文景时期墓群中出土了绘有地图的纸,世称"放马滩纸"。地图部分因积水受潮,破碎比较严重,无法复原。与以往考古发现不同的是,这次出土的古纸质量较好,纸面平整光滑,质地轻薄柔软。放马滩纸是目前考古发现中国古代最早的纸,也是已知世界上最早的纸质地图。

灞桥纸和放马滩纸虽然都具备了纸的属性,但从制作材料上来看,成本依然不低,无法普及。直到东汉中期,蔡伦对造纸技术进行了改进,纸才逐渐普及开来。

《新诗造纸书画谱》

改进造纸术

蔡伦字敬仲,桂阳郡耒阳县(今湖南耒阳)人。汉明帝永平末年,蔡伦入宫做宦官,章帝建初年间,担任小黄门。和帝即

蔡伦造纸

位以后,升任中常侍,参与国家机密大事的谋划。据史书记载,他有真才实学,为官尽忠职守,多次不惜触犯皇帝的威严进谏朝廷施政的得失。

后来,蔡伦担任尚方令,监督宫廷物品的制作。大约就是从这个时候起,蔡伦开始接触东汉最好的手工工艺,并改进了当时的造纸技术。有鉴于简牍的笨重和丝帛的昂贵,蔡伦想进行技术创新,改用树皮、破布、麻头和渔网等廉价的物品造纸,大大降低了造纸的成本。

和帝元兴元年(105),蔡伦把改进造纸术的成果报告给和帝,和帝对蔡伦的才能非常赞赏,并把改进过的造纸技术向各地推广。安帝元初元年(114),朝廷封蔡伦为龙亭侯,所以后来人们都把纸称为"蔡侯纸"。

元初四年(117),安帝选调学者整理国家图书馆的文献,让蔡伦监管负责。除了改进造纸术之外,蔡伦还设计出先进的弩和剑,当时称为蔡太仆之弩、龙亭之剑,闻名天下。

蔡伦担任小黄门时,在掌权的窦太后的授意之下,参与诬陷安帝的祖母宋贵人及其子太子刘庆(安帝之父),导致刘庆被废为清河王,宋贵人及其妹妹服毒自杀。窦太后去世之后,蔡

《新诗造纸书画谱》

伦又成为邓太后的得力助手。邓太后去世后,安帝得以亲政,于是蔡伦不得不到廷尉那里去自首。蔡伦为了避免受辱,在洗浴全身之后换上整洁的衣冠,服毒自杀。蔡伦死后,葬在自己的封地龙亭(今陕西洋县)。

造纸术外传

蔡伦虽死,但他改进的造纸术留在了世上,尤其是用树皮做原浆纸的先声,为造纸业的发展开辟了广阔的途径。

汉代以后,纸张的普及大大地推进了书籍抄写和知识传播。魏晋时期,书法逐渐成为一门艺术,而书法对纸笔的要求都很高,所以纸张逐渐取代竹简、木简,成为主要的书写载体。

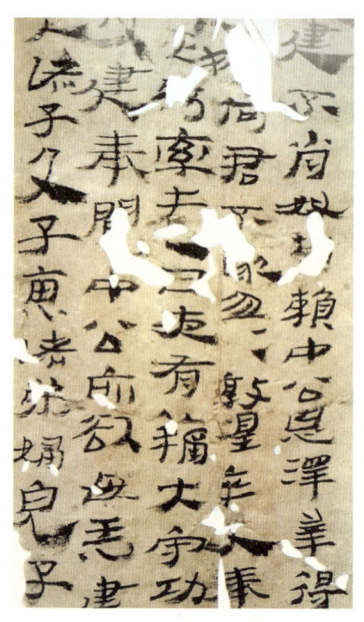

甘肃悬泉置遗址出土纸帛书

造纸术改进之后,大约在4世纪末传入朝鲜和越南。到了7世纪,产自朝鲜半岛的"高丽纸"已经为中国文人所喜爱。公元610年,高句丽僧人昙征将造纸术献给日本圣德太子,日本人称昙征为纸神。公元9至10世纪,造纸术经丝绸之路传到西域,并由此传入印度。11世纪以后,造纸术经西亚传到欧洲。

至此,经过一千多年的传播,中国的造纸术传遍了整个世界,改变了知识和文化传播的面貌,而这一切都要归功于东汉蔡伦的贡献。

神医华佗

小说《三国演义》里面有不少关于华佗的故事，其中最著名的两个当属他为关羽刮骨疗毒和替曹操治疗头痛，那么这两个故事到底是不是真的呢？根据正史《三国志》的记载，关羽疗毒和曹操头痛都确有其事，不过，为关羽疗毒的并不是华佗，而曹操的头痛华佗倒的确治过。今天，我们就来讲一讲东汉末年神医华佗妙手回春的故事。

华佗字元化，又名旉，是沛国谯县人，也就是今天的安徽亳州人，跟曹操是老乡。与汉代的大多数士人一样，他从小学习经文。少年时游学徐州，学识受到很多高官的赏识，例如沛国国相陈珪、太尉黄琬等人都曾召他出来做官，但均被他拒绝。

虽然有着不错的经学功底，但他更擅长的是医术和养生。总结起来，华佗的医术主要有以下几个专长。

方 药

第一，方药。这也是中国古典医学中应用最为广泛的医学手段。华佗下方抓药与别人有所不同。首先，他日常用的汤药只有几种，可以说都是常见药，并没有很多花里胡哨的东西。其次，他抓药时从不称重,用手一抓就能知道剂量。最后,他下药很讲究适量,量够了、病除了立即停药,绝不过度用药。

华佗用常见药治病最典型的例子是下面这个。有一次华佗走在路上,遇到一个病人喉咙堵塞,想吃东西但咽不下去,家属正用车推着他去看医生。华佗听到呻吟,停车诊断之后,对家属说:"刚才路边有人卖饼,调料有蒜泥酸醋,你拿半斤给他喝下去,病就能

《三国志通俗演义》中收录的"关云长刮骨疗毒"

好。"病人喝了半斤酸醋之后,吐出来一条蛇,把蛇挂在车边来找华佗。华佗还没回家,小孩们在门口玩耍看到了说:"这人肯定遇上我老爹了,车边挂着病因呢。"病人进门坐下才发现,华佗家北墙上悬挂着十几条这样的蛇。

病人肚子里的蛇,应该是吃东西的时候不慎吞下去的。我国古代吃生东西十分普遍。今天日本人喜欢吃的生鱼片,就是学我

们古人的吃法。生吃能保留食物原本的味道,但在环境条件不好的古代,卫生就难以保证了,最容易导致的就是寄生虫疾病。广陵太守陈登就得了这种病。陈登胸中烦闷,面色肝红,吃不下东西。华佗号了脉之后诊断,他的胃中有不少虫子,要成内疮了,这是吃了生的腥东西导致的。说完当即煮了八两汤药,服完药不多久,陈登便吐下半斤多寄生虫,头呈红色,还在蠕动,虫子的下半身都是生鱼片。显然这是陈登吃的生鱼片里带下来的寄生虫卵,在肚子里长成了虫。虫吐下来之后,病当时就好了。不过华佗断言,这病三年后还得复发,到时候还得找好医生治。三年之后陈登果然发病,那时候华佗不在附近,陈登最终病发而死。

今天我们知道,同一种症状,可能是不同的病因导致的,但在古代,大多数人并没有这种认识。华佗在治病时,就很懂得对症下药,并不只是靠症状来判断病因。倪寻和李延两个人卧床不起,都是头疼发热,症状一致。但华佗给倪寻用了泻药,给李延下了发汗药。有人问同样的病为何用不同的药,华佗回答:"倪寻是外实病,李延是内实病,因而疗法不同。"按照华佗的方子用药后,第二天早上二人都痊愈起了床。

针 灸

第二,针灸。华佗针灸也像开药方一样,务求精简,不管是灸还是针,都只下一两处,很少像今天很多所谓"中医大师"那样,把病人扎得像个刺猬,徒增痛苦。

针灸和汤药一样,是中国古代医疗的重要手段,不过,并非每位医生都能熟练掌握它。《三国志》里就记载了一例庸医误人的故事。督邮徐毅得病,告诉华佗:"昨天已经让医官用针刺了胃管,但仍咳嗽得厉害,难以入眠。"华佗看了以后说:"并没有刺到胃管,而是刺到了肝上,接下来每天饭量都要减少,就剩下五天的命了。"五天后徐毅果然病亡。可见,针灸绝非平常之技,用得不好,不仅不会治病,还可能加重病情,而华佗不仅本人精通此道,还能看出庸医的失误之处来。

手　术

第三,手术。如果说方药和针灸都只是医生的常规操作的话,那么手术就是华佗的独门绝技。外科手术本是西医所长,但近两千年前的华佗就已经熟练掌握了开刀。

病在体内,针药不能抵达的情况下,华佗就会选择外科手术。先让病人服下特制的麻沸散,让病人醉死,起到麻醉效果。再用刀割开胸腹,进行手术。最后缝合。这套流程与今天的外科手术已非常相似,可谓是超越时代的医疗技术。

记载华佗本人事迹的《佗别传》中收录了这样一个病例。有位病人腹中作痛,而且好像只有半边疼痛。十几天后,头发、眉毛都脱落了。华佗诊视后说:"这是脾半边坏死,剖腹可以治疗。"于是令其服下麻沸散,麻醉后切开腹腔,脾果然坏死一半。用刀切除坏死部分的肉,再用膏药敷在创口上,缝合后辅以汤药,百余天后病人痊愈。

养　生

第四,养生。除了以上医疗手段外,华佗还特别注重养生。对于养生,华佗有一套完整的思想体系。他认为,人体需要活动,但不能过度运动。活动可以增强消化,加强血脉流通,从而预防疾病,就像门轴一样,因为不停地动才不会腐朽。在这一养生思想的

明代仇英绘《独乐园图》中的采药圃　原件现藏于美国克利夫兰艺术博物馆

指导下,他模仿动物的活动,创作出了一套养生操——五禽戏,分别模仿了虎、鹿、熊、猿、鸟的动作,既能防病,又可锻炼手脚。

总结华佗的医学思想可以看出,他用药精简,不滥用药物,而且强调"防大于治",注重疾病的预防。而他在外科手术和养生术上的贡献,更是超越了所属的时代,称之为"圣手"毫不过誉。

医术流传

《三国演义》中说,华佗在给曹操治头疼病时,想给他开颅而被多疑的曹操以为是刺客,从而遭遇杀身之祸。事实是华佗本人个性忧郁,悲观寡欢,而且在那个经世济用的时代里,医学毕竟只是方技之术,饱读经书的华佗本质上并不想当一名医生。于是以回家取药方、妻子生病等理由,赖在家里,不愿长期为曹操诊治。最终,曹操不顾荀彧的劝阻,将其杀害。

无论细节如何,一代名医终究死于老乡曹操之手。万幸的是,他的医术还有传人。弟子中最为出名的是扬州人吴普和徐州人樊阿,吴普继承了华佗的五禽戏,活到九十多岁,耳聪目明,牙齿完整;樊阿则继承并发扬了乃师的针术。

华佗虽然未能善终,但是他的医术得以流传至今,永远值得学习。

秦汉大事年表

公历(年)	重要事件
前221	秦灭齐,尽并天下。秦王嬴政立号为皇帝,书同文,车同轨。
前215	蒙恬攻匈奴,掠取河南地。
前214	秦军平定百越,设南海、桂林、象郡三郡。
前210	秦始皇病死沙丘,子胡亥立为二世皇帝,杀扶苏、蒙恬。
前209	陈胜、吴广大泽乡起义;刘邦、项羽分别起兵。
前207	巨鹿之战;赵高杀秦二世,立秦王子婴。
前206	秦王子婴投降刘邦,秦亡;项羽分封诸侯,刘邦受封汉王。
前202	垓下之战,项羽自刎;刘邦称帝,建汉朝。
前200	白登之围。
前195	汉高帝刘邦驾崩,太子刘盈即位,是为惠帝。
前188	汉惠帝驾崩,吕后临朝称制,诸吕掌权。
前180	吕后死,诸吕之乱被平定。代王刘恒被立为天子,是为文帝。
前157	汉文帝驾崩,太子刘启即位,是为景帝。
前154	吴楚七国之乱。
前141	汉景帝驾崩,太子刘彻即位,是为武帝。
前133	马邑之谋,汉匈大战拉开序幕。
前127	卫青收复河南地。

(续表)

公历(年)	重要事件
前121	霍去病大破匈奴于陇西,置陇西四郡。
前119	汉匈漠北之战,卫青、霍去病大破匈奴。
前91	巫蛊之祸,太子刘据自杀。
前87	汉武帝驾崩,太子刘弗陵即位,是为昭帝,霍光等辅政。
前74	汉昭帝驾崩,无子,昌邑王刘贺即位,旋被废。武帝曾孙、戾太子之孙刘病已即位,是为宣帝,霍光继续秉政。
前49	汉宣帝驾崩,太子刘奭即位,是为元帝。
前33	昭君出塞,汉匈和亲。
5	汉平帝驾崩,王莽称摄皇帝,后立孺子刘婴为皇太子。
8	王莽代汉,定国号为"新",并开始改革。
17	绿林、赤眉军起义。
23	绿林军立刘玄为更始皇帝;昆阳之战;绿林军攻克长安,新莽灭亡。
25	刘秀称帝,改元建武,国号仍为"汉",史称东汉或后汉。
57	汉光武帝驾崩,太子刘庄即位,是为明帝。
73	窦固击北匈奴;班超出使西域。
89	窦宪大破北匈奴,登燕然山刻石勒功。
105	蔡伦造纸;汉和帝驾崩,其子刘隆即位,是为殇帝,邓太后临朝。
166	第一次党锢之祸起。
168	窦武为大将军,立灵帝刘宏;宦官杀窦武,第二次党锢之祸起。
184	黄巾起义。
189	汉灵帝驾崩,子刘辩即位,何太后临朝。后董卓废刘辩,更立其弟刘协,是为献帝。
190	董卓强迫献帝迁都长安。
196	曹操拥献帝迁都许。
200	官渡之战。
208	赤壁之战。
220	曹操死;曹丕称魏帝,东汉灭亡。

图书在版编目(CIP)数据

少年简读中国史. 秦汉 / 刘萃峰著. — 2 版. — 南京：南京大学出版社，2024.6
ISBN 978－7－305－26985－1

Ⅰ. ①少… Ⅱ. ①刘… Ⅲ. ①中国历史－秦汉时代－少年读物 Ⅳ. ①K209

中国国家版本馆 CIP 数据核字(2023)第 090811 号

出版发行	南京大学出版社
社　　址	南京市汉口路 22 号　　邮　编　210093
书　　名	**少年简读中国史·秦汉** SHAONIAN JIANDU ZHONGGUOSHI · QIN-HAN
著　　者	刘萃峰
责任编辑	黄　睿　　　　　　　编辑热线　025－83593963
项目策划	王　静　王　俊　　　装帧设计　陆思洋
摄　　影	王　腾　陆思洋　　　插　　画　蒋汉珺
照　　排	南京南琳图文制作有限公司
印　　刷	南京玉河印刷厂
开　　本	787 mm×1092 mm　1/16 开　印张 8.25　字数 90 千
版　　次	2024 年 6 月第 2 版　2024 年 6 月第 1 次印刷
ISBN	978－7－305－26985－1
定　　价	29.80 元

网址：http://www.njupco.com
官方微博：http://weibo.com/njupco
官方微信号：njupress
销售咨询热线：(025) 83594756

* 版权所有，侵权必究
* 凡购买南大版图书，如有印装质量问题，请与所购
　图书销售部门联系调换